MOSAICO DE PENSAMENTOS
uma reflexão sobre relacionamentos interpessoais

Editora Appris Ltda.
1.ª Edição - Copyright© 2025 da autora
Direitos de Edição Reservados à Editora Appris Ltda.

Nenhuma parte desta obra poderá ser utilizada indevidamente, sem estar de acordo com a Lei nº 9.610/98. Se incorreções forem encontradas, serão de exclusiva responsabilidade de seus organizadores. Foi realizado o Depósito Legal na Fundação Biblioteca Nacional, de acordo com as Leis nos 10.994, de 14/12/2004, e 12.192, de 14/01/2010.

Catalogação na Fonte
Elaborado por: Dayanne Leal Souza
Bibliotecária CRB 9/2162

C837m
2025
	Costa, Andrêssa Freitas Romualdo da
	    Mosaico de pensamentos: uma reflexão sobre relacionamentos interpessoais – volume 1 / Andrêssa Freitas Romualdo da Costa. – 1. ed. – Curitiba: Appris, 2025.
	    156 p. ; 21 cm.
	
	    Inclui bibliografias.
	    ISBN 978-65-250-7234-0
	
	    1. Pensamentos. 2. Frases. 3. Imaginação. 4. Ideias. 5. Reflexão.
	I. Costa, Andrêssa Freitas Romualdo da. II. Título.
	
	    CDD – 153.42

Editora e Livraria Appris Ltda.
Av. Manoel Ribas, 2265 – Mercês
Curitiba/PR – CEP: 80810-002
Tel. (41) 3156 - 4731
www.editoraappris.com.br

Printed in Brazil
Impresso no Brasil

ANDRÊSSA FREITAS ROMUALDO DA COSTA

MOSAICO DE PENSAMENTOS
uma reflexão sobre relacionamentos interpessoais

VOLUME 1

Curitiba, PR
2025

FICHA TÉCNICA

EDITORIAL	Augusto V. de A. Coelho
	Sara C. de Andrade Coelho
COMITÊ EDITORIAL	Marli Caetano
	Andréa Barbosa Gouveia (UFPR)
	Edmeire C. Pereira (UFPR)
	Iraneide da Silva (UFC)
	Jacques de Lima Ferreira (UP)
SUPERVISORA EDITORIAL	Renata C. Lopes
PRODUÇÃO EDITORIAL	Sabrina Costa
REVISÃO	Marcela Vidal Machado
DIAGRAMAÇÃO	Amélia Lopes
CAPA	Carlos Eduardo Pereira
REVISÃO DE PROVA	Bruna Santos

"O conhecimento serve para encantar as pessoas, não para humilhá-las."

(Prof. Mário Sérgio Cortella)

AGRADECIMENTOS

Agradeço a Deus em primeiro lugar pela vida e oportunidade de manifestar aquilo que de bom e produtivo foi plantado em mim por todos que fizeram e fazem parte da minha caminhada – família e amigos. Isso torna o meu viver diário um oásis de inspiração para sempre acreditar no ser humano e que ele pode buscar oferecer sempre o seu melhor, não importando as circunstâncias.

Por meio de relacionamentos como eles é que me senti motivada a elaborar este trabalho. Por isso o meu agradecimento é a vocês; afinal, nosso mundo só tem sentido quando estamos em relação com o outro.

Dedico este projeto a todos que incansavelmente me inspiraram a realizá-lo e que continuam me inspirando a deixar minha melhor marca em minha jornada, refletindo constantemente no meu processo contínuo de evolução como ser humano.

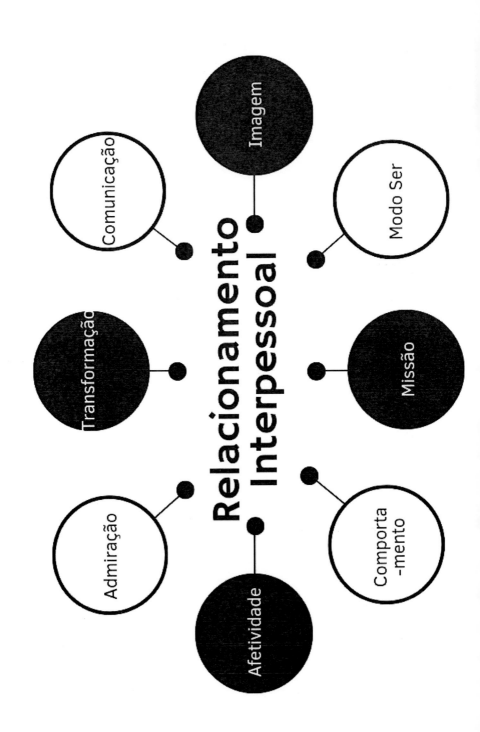

APRESENTAÇÃO

"Relacionamento é fundamento transformador da sociedade. A comunicação, o fio condutor deste processo" (1). Nossas atitudes determinam a forma como nossa imagem será construída pelos olhos dos outros. Se aquilo que transmitimos e compartilhamos é potencialmente salutogênico, então nossa missão terá sido cumprida.

Entretanto, se o nosso Modo Ser é deteriorado por aquilo que consideramos como mais essencial na busca incessante por conquistas a qualquer custo, o nosso padrão de comportamento será a força propulsora para um possível isolamento. Logo, a nossa afetividade e admiração serão substituídas por resistência e agressividade.

EMOÇÕES

- SUCESSO
- CONVICÇÕES
- CONCEITOS
- LEMBRANÇA
- ATITUDES

Por esse motivo, devemos alimentar nossas potencialidades de forma positiva e não permitir que os nossos fazeres modifiquem as nossas convicções e conceitos sobre o bem viver. Quando se chega a esse ponto, é porque invertemos valores e esquecemos que tudo tem um retorno, cedo ou tarde e, "só o tempo dirá como seremos lembrados" (2). Contudo, para sermos a melhor lembrança de alguém, devemos oferecer o nosso melhor em atitudes. Nenhum relacionamento sobrevive da boca para fora. Com certeza "o verdadeiro sucesso depende da habilidade de relacionamento interpessoal, da capacidade de compreender ideias e emoções" (3). Eis o grande desafio a ser confrontado todos os dias.

E é com base na incansável busca de entender o desafio que são os relacionamentos interpessoais que este livro foi escrito. O objetivo aqui está fundamentado em três pontos importantes: o primeiro se constitui num convite para dar continuidade a essa forma de escrita em outros volumes, em que célebres frases têm o poder de dizer muito falando pouco. Por outro lado, o segundo é na forma de apelo, que tem como intuito falar mais sobre o ponto central do mesmo – que é relacionamento humano, a forma como lidamos com eles e as conquistas e frustrações na vida; o terceiro é a oportunidade de compartilhar o que entendo a respeito de me relacionar com o outro.

PREFÁCIO

O livro *Mosaico de pensamentos: uma reflexão sobre relacionamentos interpessoais* da minha querida amiga e colega de faculdade Andrêssa F. R. da Costa, é um manual inteligente que reúne máximas de diversos autores filósofos e pensadores que podem servir para aplicação prática quando estivermos enfrentando situações diversas da nossa vida.

Ela sempre foi muito estudiosa e preocupada com o bem-estar das pessoas e, também, muito precisa e cuidadosa na forma como estudava e apresentava os seus trabalhos acadêmicos, dos quais tive a grata oportunidade de participar e tê-la como companheira de estudos durante quatro anos de minha formação em Musicoterapia.

Essa preocupação e todo esse cuidado extremo, acredito, foi que a levou a pensar em reunir citações importantes e interessantes em um livro ao qual batizou de *Mosaico de pensamentos: uma reflexão sobre relacionamentos interpessoais*, que não deixa de ser um curso de Filosofia para nos auxiliar em momentos em que precisamos de orientação para decidirmos qual o caminho a seguir.

Indico este livro para todos os que estão angustiados e até depressivos, pois essa leitura vai dar inspiração no pensamento filosófico dos grandes mestres pensadores, mas também indico para leitores que gostam de uma boa leitura. Acredito que esta obra vai nos causar bem-estar, é um livro como a alta gastronomia, para ser degustado aos poucos, lentamente e meditando bastante nas palavras que lemos para podermos sentir e aproveitar o sabor reconfortante das lições de vida ali descritos.

Como o pensamento do mundo moderno tem as suas raízes ligadas a um passado de reflexão que remonta à época em que surgiu a escrita, este livro, em meu entendimento, é uma excelente obra para se deliciar com as reflexões sobre a vida.

Gerson J. Cavalieri

Psicanalista/musicoterapeuta

SUMÁRIO

CAPÍTULO ÚNICO 19

CONCLUSÃO 126

NOMES DOS AUTORES DAS FRASES
UTILIZADAS NESTA OBRA 130

REFERÊNCIAS BIBLIOGRÁFICAS 139

CAPÍTULO ÚNICO

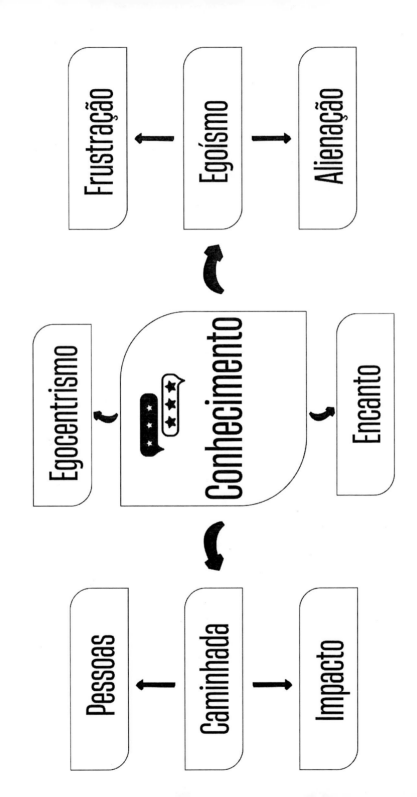

"O conhecimento serve para encantar as pessoas, não para humilhá-las" (4). Quando li pela primeira vez essa frase na internet tive um grande impacto positivo sobre ela. Imediatamente pensei em como o contrário dela é o que mais tem acontecido no mundo.

Por isso, eu a escolhi para iniciar o capítulo único deste livro. Na minha caminhada tenho percebido e concluído que as pessoas, de modo geral, usam seus conhecimentos para se mostrarem superiores às outras. Por quê? Acredito que por duas razões isso ocorre: a primeira é para satisfazer seu ego inflado acomodando suas frustrações na vida; a segunda é porque vivemos numa geração atolada no egoísmo/egocentrismo. Isso faz com que o seu Modo Ter determine a sua forma e sua condição social, tornando o seu Modo Ser alienado.

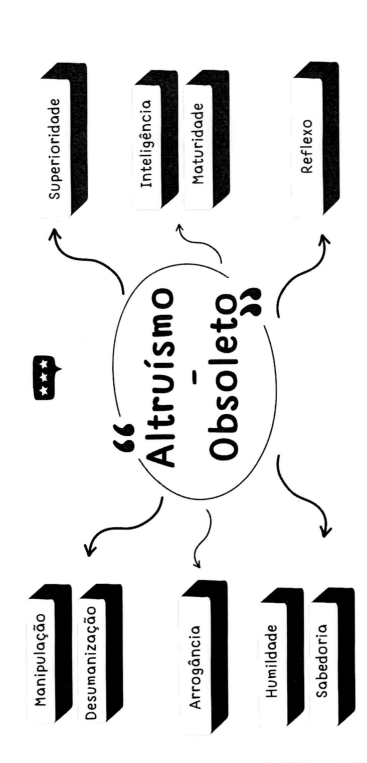

Ou seja, você só é alguém se tiver algo que o coloque em evidência o suficiente para ser respeitado, pois o sistema econômico é quem dita as normas e, com isso, vivemos uma era caquética de humanos manipulados e desalmados, deixando o altruísmo obsoleto. Porém, "ninguém se cura machucando os outros" (5). "Superior é aquele que sabe que na verdade ninguém é melhor que ninguém" (6).

É preciso entender que "a capacidade de se colocar no lugar do outro é uma das funções mais importantes da inteligência. Demonstra o grau de maturidade do ser humano" (7). "Por mais inteligente que alguém possa ser, se não for humilde, o seu melhor se perde na arrogância. A humildade ainda é a parte mais bela da sabedoria" (8). E "o modo como tratamos os outros é um reflexo de como nos sentimos com relação a nós mesmos" (9).

SER

- COISAS BOAS OU NÃO
- PARTILHAR
- CULTIVAR
- RELACIONAMENTOS
- RESPONSABILIDADE EVIDENTE
- FALA
- AÇÕES
- COM OU SEM MATURIDADE

Somos o que falamos e fazemos; sem maturidade e consciência em nossas ações, não há como haver troca nem partilhar de nada. E sem isso estamos fadados a morrer em nossa insana mediocridade.

É verdade que "cada um que passa em nossa vida passa sozinho, pois cada pessoa é única, e nenhuma substitui a outra. Cada um que passa em nossa vida passa sozinho, mas não vai só nem nos deixa sós; leva um pouco de nós mesmos, deixa um pouco de si mesmo. Há os que levam muito, mas não há os que não levam nada; há os que deixam muito, mas não há os que não deixam nada. Essa é a maior responsabilidade de nossa vida e a prova evidente de que duas almas não se encontram por acaso" (10). Isso mostra a importância de se cultivar bons relacionamentos. "Tu te tornas eternamente responsável por aquilo que cativas" (11).

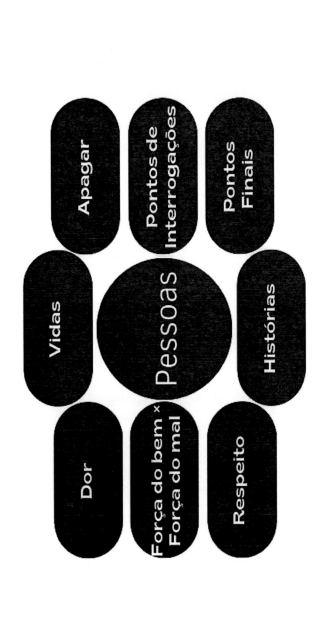

Entretanto, infelizmente "muitas vezes temos que tirar pessoas de nossas vidas, apagar algumas interrogações, colocar pontos finais e escrever novos episódios da nossa história. Essas atitudes não significam que tenhamos ódio em nossos corações, apenas respeito por nós mesmos" (12).

Claro que "se você souber olhar as coisas de um jeito mágico, tudo fica mais bonito" (13). Isso ocorre "porque a força de dentro é maior. É maior que todo mal que existe no mundo. Maior que todos os ventos contrários. É maior porque é do bem. E nisso sim, acredito até o fim" (14). "Minha mãe sempre dizia: não há dor que dure para sempre. Tudo é vário. Temporário. Efêmero. Nunca somos, sempre estamos. E apesar de saber de tudo isso porque algumas dores duram tanto?" (15).

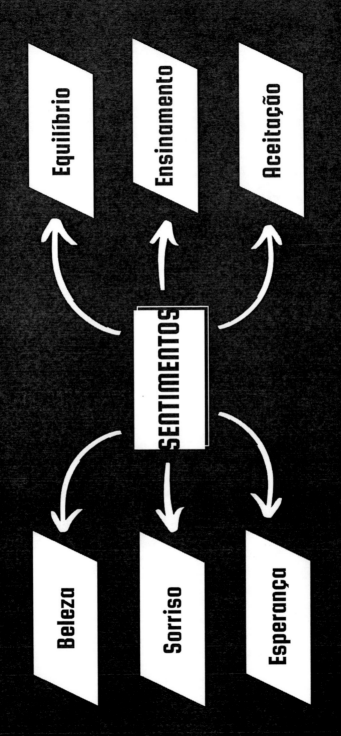

Porque "não adianta insistir na beleza de alguém que é vazio de sentimentos. Bonito mesmo é alguém que te arranca sorrisos, não suas esperanças" (16). Por exemplo: se o relacionamento não tiver uma sinergia entre as partes, o melhor é se afastar. Uma coisa é certa: "para que qualquer tipo de relacionamento seja bem-sucedido, tem que haver um equilíbrio entre o que você doa de si e o que recebe de volta" (17).

Da mesma forma "a vida ensina: na vida você vai perceber que há um propósito para todos que encontrar. Alguns vão testá-lo, alguns vão usá-lo e alguns vão te ensinar. Mas, o mais importante, são os que fazem o melhor para você, te respeitam e te aceitam como você é. Esses são os que valem a pena manter por perto" (18).

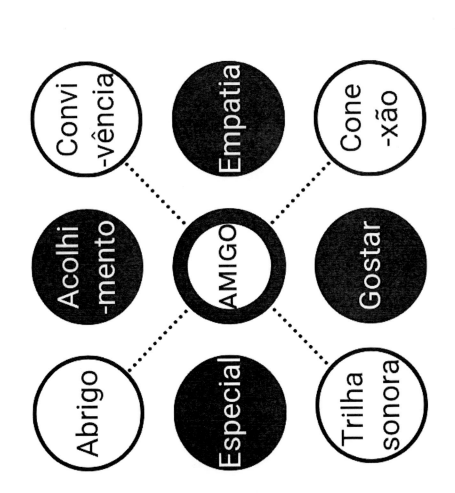

E é em nome dessas pessoas amigas que ainda vale a pena acreditar no ser humano, porque apesar de tanta hipocrisia em muitos relacionamentos "tem amigo que é tão querido que faz a gente se sentir tão acolhido, que esse amigo podia logo ser chamado de abrigo [...]" (19). Mas "um dia a gente aprende a conviver com uns, e a sobreviver sem outros" (20). Afinal, tem aquelas pessoas com quem, pela ausência de empatia, acabamos por não ter nenhuma conexão.

Contudo, de modo geral, "pessoas são como músicas. Algumas nós gostamos desde o início, outras gostamos depois de um tempo. São feitas para que a gente ouça e compreenda. Algumas tocam a nossa vida, mas tem uma, aquela especial, que é a nossa trilha sonora" (21).

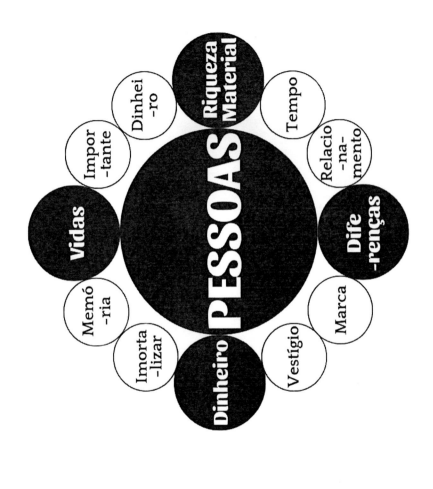

Na verdade, com o passar dos anos a gente entende que "as pessoas que fazem diferença em nossas vidas, não são as que têm mais dinheiro ou riqueza material. Mas sim as que mais se importam conosco" (22). Isso acontece porque "o tempo tem uma forma maravilhosa de nos mostrar o que realmente nos importa" (23). Esse é um dos motivos para praticar boas ações com quem nos relacionamos.

Outro motivo é que "todas as pessoas querem deixar alguns vestígios para a posteridade. Deixar alguma marca. É a velha história do livro, do filho e da árvore, o trio que supostamente nos imortaliza. Porém, filhos somem no mundo, árvores são cortadas, livros mofam em sebos. A única coisa que imortaliza – mesmo – é a memória de quem amou a gente" (24).

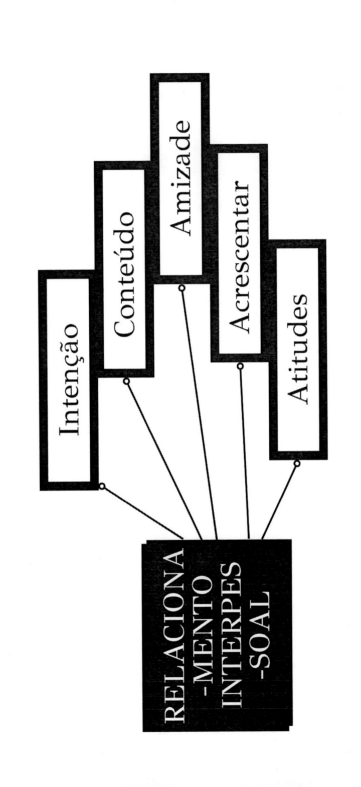

Um bom relacionamento mesmo só se perpetua com atitudes. "Amor não é palavra, amor é gesto" (25). E "na bolsa de valores amorosa só ganha quem tem ações" (26). Realmente, relacionamento interpessoal é algo muito sério, por isso que eu só "gosto de gente que cuida dos amigos, que se importa com o sentimento dos outros, que trata os mais velhos com respeito e que acredita que o amor é a força mais poderosa do mundo" (27).

É que "eu ando apostando nos caminhos mais bonitos, nos abraços mais sinceros, e nos amigos mais irmãos. Passei a colecionar só o que me faz melhor e subtrair o que não acrescenta nada [...]" (28). Tenho aprendido que "talvez a gente só precise... De amigos. Amigos verdadeiros. Ou talvez precisemos só de novas pessoas. Mas pessoas com conteúdo. Que entrem em nossas vidas e façam a diferença. E que não entrem se a intenção é não permanecer" (29).

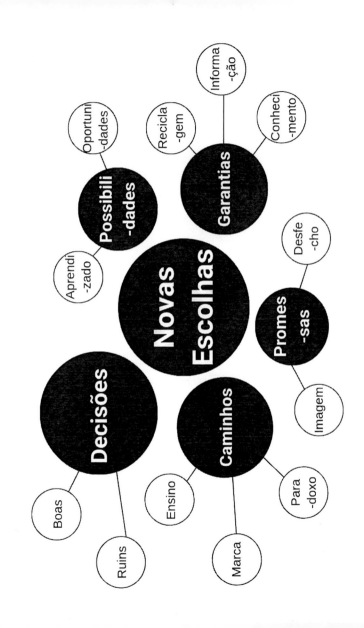

Chega um momento que a gente aprende a fazer novas escolhas, tomar outras decisões, percorrer novos caminhos e reciclar pessoas. Não que pessoas sejam descartáveis, mas como qualquer outra coisa "a vida não oferece promessas nem garantias. Apenas possibilidades e oportunidades" (30). É que a caminhada se faz em meio a paradoxos e "momentos bons e ruins fazem parte da vida. A diferença é que um marca e o outro ensina" (31).

Hoje, descobri que "ninguém é obrigado a nos conhecer por dentro. Além disso, tem o que a gente é, a imagem que a gente passa e o que os outros concluem dela. Não quero que soe petulante o que vou dizer, mas nem faço muita questão que as pessoas me conheçam a fundo. Tem gente que não merece o nosso coração aberto. Certas pessoas não precisam conhecer nossa alma. Porque elas nem vão saber o que fazer com tanta informação" (32).

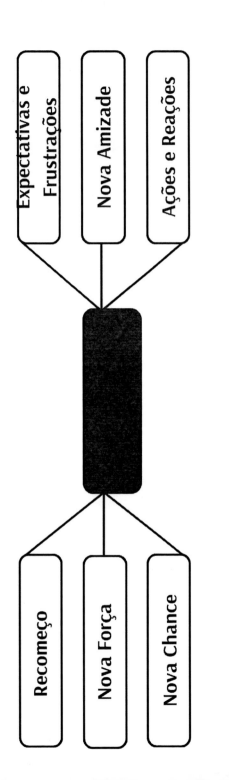

Em contrapartida, "sempre há uma outra chance, uma outra amizade, um outro amor, uma nova força. Para todo fim, um recomeço" (33). Já é sabido que "algumas amizades passam rápido, num piscar de olhos. Outras são feitas para durar até que você pisque pela última vez" (34).

No entanto, convém lembrar que os relacionamentos humanos estão sempre em movimento, assim como é o tempo e assim como é todo o restante. "Uma decepção pode diminuir o tamanho de um amor que parecia ser grande. Uma ausência pode aumentar o tamanho de um amor que parecia ser ínfimo. É difícil conviver com esta elasticidade: as pessoas se agigantam e se encolhem aos nossos olhos. Nosso julgamento é feito não através de centímetros e metros, mas de ações e reações, de expectativas e frustrações" (35).

- TRANS-FORMAÇÃO — Pessoas
- RESPEITO — Contagia
- VIDA — Sentimentos
- SE DAR — Se deu

Por isso mesmo que acredito que nossas atitudes têm um poder transformador. "Não sei... Se a vida é curta ou longa demais para nós, mas sei que nada do que vivemos tem sentido, se não tocamos o coração das pessoas. Muitas vezes basta ser: colo que acolhe, braço que envolve, palavra que conforta, silêncio que respeita, alegria que contagia, lágrima que corre, olhar que acaricia, desejo que sacia, amor que promove. E isso não é coisa de outro mundo, é o que dá sentido à vida. É o que faz com que ela não seja nem curta, nem longa demais, mas que seja intensa, verdadeira, pura... Enquanto durar" (36).

"Porque a vida só se dá pra quem se deu, pra quem amou, pra quem chorou, pra quem sofreu [...]" (37). O que vale no final de tudo é como demos o nosso melhor para aqueles que fizeram parte de nós de alguma forma.

CONSELHO

- CONVERSA
- GRANDIOSIDADE
- ATENÇÃO
- PRESENÇA
- DIÁLOGO

Ouso dizer que "se eu posso te dar um conselho, eis aqui: não mendigue atenção de quem quer que seja. Não se esforce para compartilhar minutos com quem está mais interessado em coisas que não te incluem. Não prolongue a conversa apenas para ter o outro por perto, quando você perceber que precisa se esforçar bastante para que o monólogo vire um diálogo. Esqueça. Prefira a sua solidão genuína à pseudopresença de qualquer pessoa. Ainda digo mais: perceba que existem pessoas que curtem dividir a atenção contigo sem que você precise desprender esforço algum. Aproveite o que te dão de livre e espontânea vontade. Dispense o que te dão por força do hábito ou por conveniência. Esqueça o que não querem te dar. Cada um dá o que pode" (38)... Para não dizer o que tem.

"As melhores pessoas que conheço são, simplesmente, pessoas, sem delongas. Sem grandiosidade. Elas fazem parte do restrito grupo que entendeu que grandioso mesmo é ser, ser humano" (39).

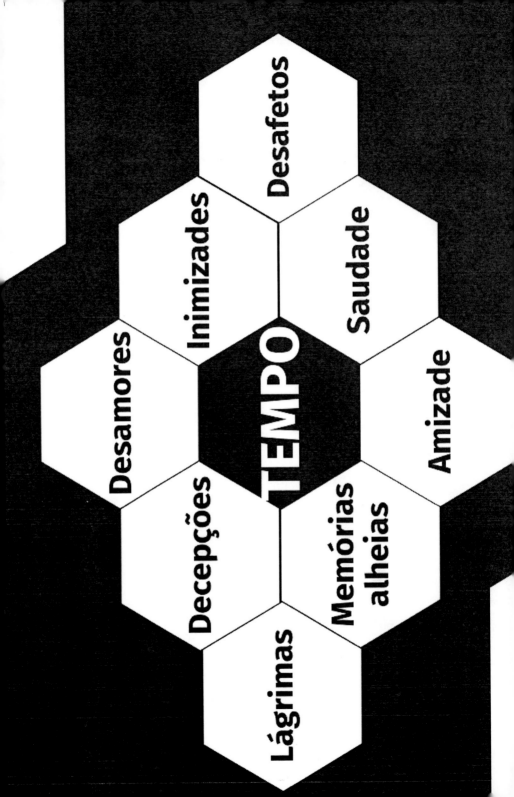

E, apesar das lágrimas, das decepções, dos desamores, das inimizades e dos desafetos, "um dia você entende que o tempo não é inimigo. E que ele é nosso maior mestre. Que tudo vem na hora que deve vir. Que não adianta espernear nem se esconder da vida. Que a fuga não é a melhor saída. E que no fim das contas a gente sempre acaba agradecendo tudo que passou. Porque o tempo (ah, o tempo!) está sempre ao nosso lado para nos mostrar o que realmente vale a pena" (40).

Logo, é de fundamental importância "que estejamos presentes em memórias alheias. Que alguém já distante se lembre do nosso sorriso e se sinta acolhido. Que o nosso bem faça bem ao outro. Que sejamos a saudade batendo no peito de uma velha amizade. Que sejamos o amor que alguém nunca esqueceu. Que sejamos um alguém que sorriu na rua e o desconhecido encantou-se. Que sejamos, hoje e sempre, uma coisa boa que mora dentro de cada um que passou por nós" (41).

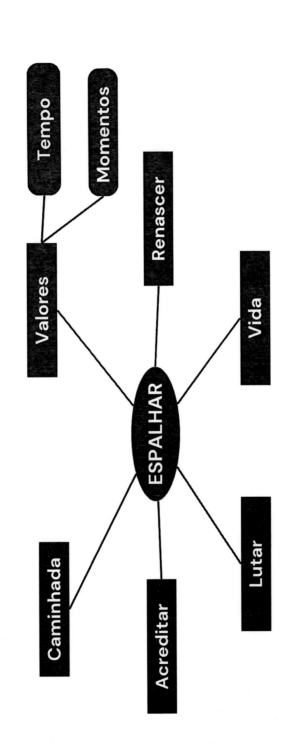

"Se a gente espalhar coisas boas por onde passar, a vida se encarrega de trazer outras melhores ainda" (42). É por esse motivo que "o valor das coisas não está no tempo que elas duram, mas na intensidade com que acontecem. Por isso, existem momentos inesquecíveis, coisas inexplicáveis e pessoas incomparáveis" (43).

Sobre isso posso dizer que "o tempo muito me ensinou: me ensinou a amar a vida, não desistir de lutar, renascer na derrota, renunciar às palavras e pensamentos negativos, acreditar nos valores humanos e a ser otimista. Aprendi que mais vale tentar que recuar... Antes acreditar que duvidar. Que o que vale na vida, não é o ponto de partida e sim a nossa caminhada" (44).

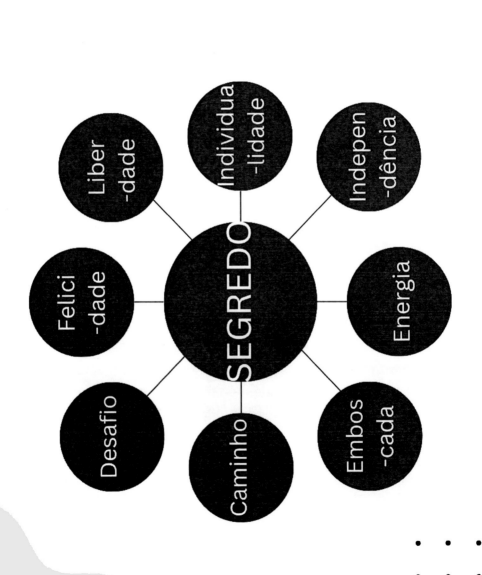

Sobretudo, "eu gosto de quem facilita as coisas. De quem aponta caminhos ao invés de propor emboscadas. Eu sou feliz ao lado de pessoas que estão disponíveis sem exigir que você decifre nada. O que me faz feliz é leve e, mesmo que o tempo leve, continua dentro de mim. Eu quero andar de mãos dadas com quem sabe que entrelaçar os dedos é mais do que um simples ato que mantém mãos unidas. É uma forma de trocar energia, de dizer: você não se enganou, eu estou aqui. Porque por mais que os obstáculos nos desafiem o que realmente permanece, costuma vir de quem não tem medo de ficar" (45).

"O segredo de um relacionamento feliz não é o amor, muitos se amam e se separam. Muitos se amam e se destroem. O segredo é cada um ter sua própria individualidade, liberdade, sua independência. Você não deve colocar sua felicidade nas mãos de alguém, mas sim compartilhar a alegria de ter esse alguém em sua vida e ser feliz" (46).

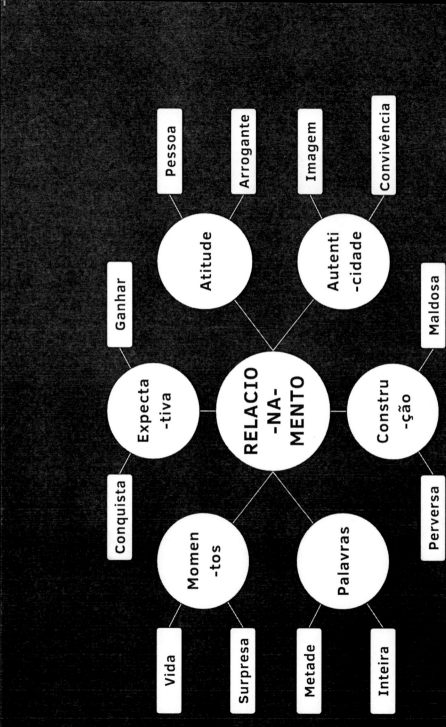

Isso se aplica a qualquer tipo de relacionamento. O que fica valendo nesse caso é a forma como lidamos com as expectativas que construímos dentro deles. Não se pode ignorar que "uma pessoa inteira não merece uma pela metade" (47)... Metade em atitude, em exemplo, em autenticidade. Não posso negar que "palavras até me conquistam temporariamente, mas atitudes me ganham ou me perdem para sempre" (48).

Analisando melhor, entendo que a partir do momento em que construímos uma imagem positiva de uma pessoa e ela é maculada pela sua ausência de nobreza de espírito, acabamos nos decepcionando e nos frustrando. No entanto, a vida é uma caixinha de surpresas e só na convivência é que descobrimos quantas pessoas têm "egos obesos, mentes anoréxicas" (49). Eis o porquê de o mundo estar do jeito que está, "o mundo não é ruim, só está mal frequentado" (50)... Mal frequentado por pessoas maldosas, mesquinhas, perversas e arrogantes.

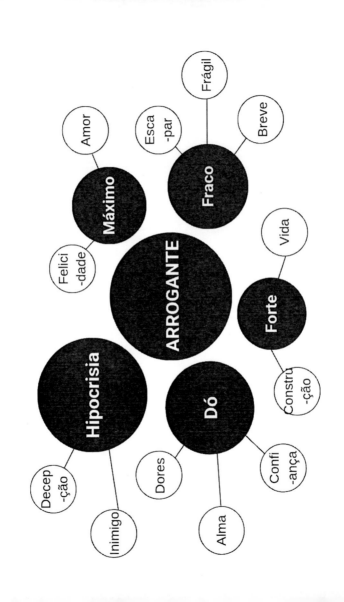

Pensando bem, "todo ser arrogante é digno de dó, pois vive na hipocrisia de se sentir o máximo" (51). Essa é a arma que os fracos utilizam para se sentirem fortes. Aí, há uma pergunta que não quer calar: "sabe por que a decepção dói tanto? Porque ela nunca vem de um inimigo" (52). Todavia, "depois de um tempo você aprende que o sol queima se ficar muito exposto a ele. Aceitará inclusive que as pessoas boas podem te ferir alguma vez e precisará perdoá-la. Aprenderá que falar pode aliviar as dores da alma... Descobrirá que leva anos para construir confiança e apenas alguns segundos para destruí-la e que você também poderá fazer coisas que se arrependerá pelo resto de sua vida" (53).

A "vida é breve, o amor é frágil e a felicidade costuma escapar sem que a gente perceba. Então, cuide do hoje e deixe o amanhã para mais tarde, pois ele pode nem acontecer" (54)... De pensar que deixamos muitas vezes de viver momentos felizes e únicos por conta de brigas e discussões que não são produtivas.

- SERVIR
- INSPIRAÇÃO
- **CARPE DIEM**
- RIQUEZA
- VERDADE

Por essa razão, o verdadeiro sentido deve ser o de oferecer o nosso melhor e não querer ser o melhor. Essa é a verdadeira riqueza, afinal, "não somos ricos pelo que temos e sim pelo que não precisamos ter" (55). O que realmente precisamos é ser: ser referência, ser exemplo, ser grato, ser alegre, ser amável, ser generoso, ser autêntico, ser honesto, ser humilde e acima de tudo ser humano. "Eu sou as coisas que me inspiram" (56).

Se o que me motiva é a força de hábitos incorrigíveis, logo serei o reflexo da anarquia e da intolerância. Agora, se onde busco inspiração é um hábitat bom e nobre, logo serei o reflexo da doçura e da leveza. Que possamos servir de inspiração oferecendo o nosso melhor ao outro hoje, porque amanhã pode não existir. "*Carpe Diem* quer dizer colha o dia. Colha o dia como se fosse um fruto maduro que amanhã estará podre. A vida não pode ser economizada para amanhã. Acontece sempre no presente" (57).

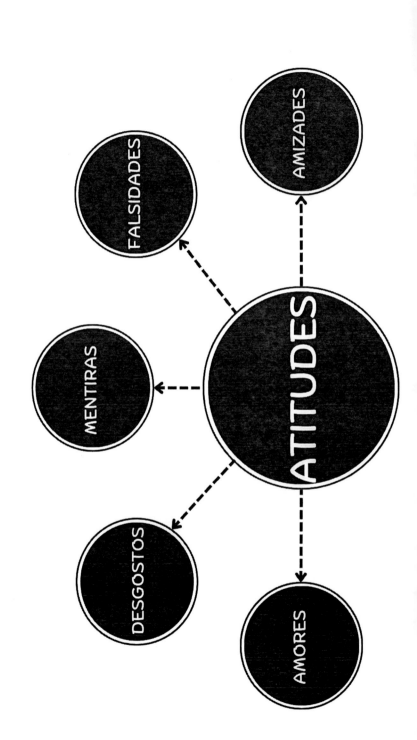

Costumo dizer que "sou fã de atitudes. Se não as vejo, não acredito. Afinal, da boca pra fora todo mundo é o que quer" (58). E "tudo passa! O tempo passa e leva com ele muita coisa... Amores, desgostos, mentiras, falsidades, 'amizades' e muitas dores. Leva até o que não gostaríamos que se fosse, mas com isso aprendemos a dar valor ao que fica, porque as coisas que foram levadas muitas vezes não eram pra permanecer e por isso se foram! Saibamos dar valor ao que temos hoje, e se um dia 'passar', é porque não era pra ficar" (59).

Mais vale deixar rastros de saudades do que marcas de desgostos. Entretanto, "até onde posso vou deixando o melhor de mim. Se alguém não viu, foi porque não me sentiu com o coração" (60). É que com o tempo a gente aprende que "algumas pessoas passam pela nossa vida para nos ensinar a não ser como elas" (61). E "chega uma hora que você se cansa de cruzar oceanos por pessoas que sequer pulariam uma poça por você" (62).

MEMÓRIAS

- História
- Momentos
- Saudades
- Cheiros
- Lições

Contudo, apesar dos pesares, "não lamento por ter conhecido nenhuma pessoa que apareceu na minha vida. As piores me deram lições e as melhores me deram memórias" (63). E por falar em memórias... "Sinto saudades de tudo que marcou a minha vida. Quando vejo retrato, quando sinto cheiros, quando escuto uma voz, quando me lembro do passado, eu sinto saudades. Sinto saudades de amigos que nunca mais vi, de pessoas com quem não mais falei ou cruzei. Sinto saudades dos que se foram e de quem não me despedi direito. Daqueles que não tiveram como me dizer adeus. Sinto saudades das coisas que vivi e das que deixei passar, sem curtir [...]" (64).

"O fato é... Cada um de nós é a soma dos momentos que já tivemos. E de todas as pessoas que já conhecemos. E são esses momentos que se tornam nossa história" (65). "Não são as coisas que possuímos ou compramos que representam riqueza, plenitude e felicidade. São os momentos especiais que não tem preço, as pessoas que estão próximas da gente e que escolhemos, a nossa paz de espírito. Felicidade não é o destino e sim a viagem" (66).

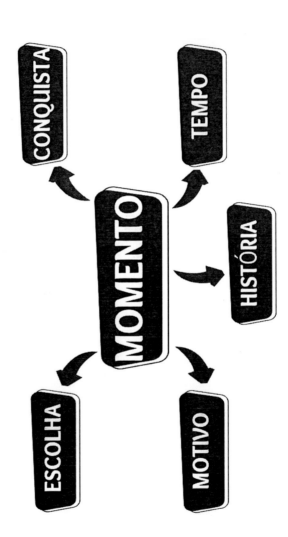

Por esse fato, que "o destino não é uma questão de sorte, é uma questão de escolha, não é algo a se esperar, é algo a se conquistar. Valorize cada dia, hora, minuto, segundo... Valorize cada momento com alguém especial, especial o suficiente para gastar o seu tempo junto com você. Lembre-se: o tempo não espera por ninguém, a vida é muito curta... Ontem é história; o amanhã é um mistério; o hoje é uma dádiva, por isso é chamado de PRESENTE! Aproveite esse presente que Deus lhe deu..." (67).

O mais irônico disso tudo é que só "sentimos saudade de certos momentos da nossa vida e de certos momentos com pessoas que passaram por ela" (68) quando perdemos quem amamos e quando não aproveitamos o nosso tempo ao seu lado. Aí está: "o inesperado nem sempre acontece, mas quando acontece é geralmente no momento que a gente menos espera [...]" (69). Eis o motivo de vivermos bem e intensamente a cada dia como se fosse nosso último instante.

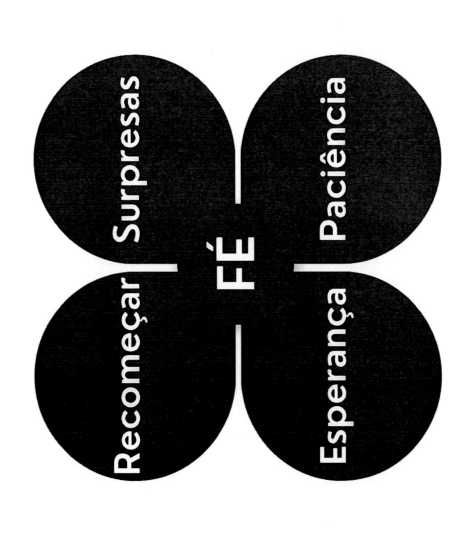

Do mesmo modo, "que não nos faltem bons sentimentos. Que nos sobre paciência. Que sejamos capazes de enxergar algo de bom em cada momento ruim que nos acontecer. Que não nos falte esperança. Que novos amigos cheguem. Que antigos amigos sejam reencontrados. Que cada caminho escolhido nos reserve boas surpresas. Que cada um de nós reserve boas surpresas. Que cada um de nós saiba ouvir cada conselho dado por uma pessoa mais velha. Que não nos falte vontade de sorrir. Que sejamos livres de preconceitos. Que não nos falte fé e amor" (70).

E "que todas as manhãs sejamos despertados pela vontade de viver e que nunca, de maneira alguma nos falte Fé para recomeçar os nossos dias" (71). Pois "é sempre assim... Coisas boas nos acontecem quando a gente acredita, quando a gente tem fé, quando a gente coloca Deus a frente da nossa vida. Dificuldades todos nós temos, a diferença é que uns assumem, outros disfarçam, uns desistem de lutar e outros lutam por ainda acreditar" (72).

- Consequência
- Aprendizado
- PASSADO
- Cicatriz
- Crescimento

Mas "uma hora ou outra o destino se ajeita, as coisas se acertam, o passado é esquecido, as dores cicatrizam. Quem tem que ficar fica, o que é verdadeiro permanece, e o que não é some. Não tenha pressa, não guarde mágoas, não queira pouco... Sempre queira o melhor. Espere na sua. Aprenda a ser paciente. Aprenda a ouvir uma boa música quando a tristeza bater. Aprenda a ignorar o que te faz mal. Aprenda, sobretudo a ter fé. Fé de que, por mais difícil que seja, o universo sempre irá conspirar a seu favor" (73).

"Eu já quis que o tempo voltasse atrás e me permitisse refazer tudo o que já fiz de errado de um jeito certo, mas tenho convicção que muitas situações me foram necessárias para que eu crescesse por dentro e soubesse lidar com o meu próprio coração no dia de hoje... Nem tudo o que faço hoje é correto, mas boa parte dos meus acertos são consequências do que a vida me ensinou através do ontem [...]" (74).

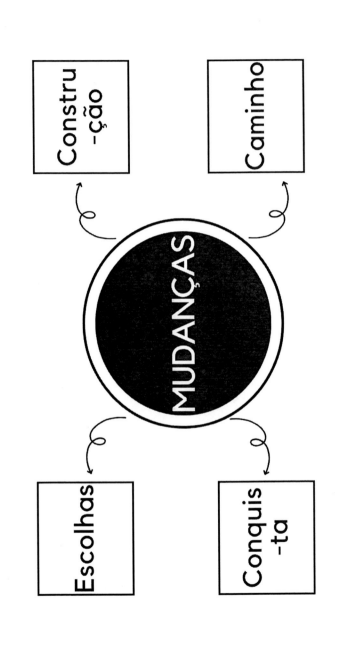

São mudanças que são importantes para o nosso crescimento. "Chega um dia que a gente simplesmente muda, os sentimentos acabam e o coração faz novas escolhas" (75). Agora, vale dizer que "o segredo da mudança é o foco não na luta contra o velho, mas na construção do novo" (76). Realmente, para se chegar às novas conquistas é preciso reviver os velhos pesares. "Em três palavras posso resumir tudo que eu aprendi sobre a vida: a vida continua" (77).

E, por mais que o caminhar seja árduo, é necessário... "Ou nós encontramos um caminho, ou abrimos um" (78). "Todas as escolhas têm perdas. Quem não estiver preparado para perder o irrelevante, não estará apto para conquistar o fundamental" (79).

- SONHO
- HISTÓRIA
- CAMINHADA
- EMOÇÃO
- COMEÇO

Esse perder e conquistar refere-se a tudo o que construímos em nossa caminhada. "Tudo depende da importância que você dá, da profundidade com que você deseja, da emoção com que sonha. Tudo depende!" (80). E, "aconteça o que acontecer, os dias ruins passam, assim como todos os outros" (81).

Uma coisa é certa: "novos começos estão frequentemente disfarçados como fins dolorosos [...]" (82). E "nem todo ponto final indica o fim de história, pode ser só o começo de um novo parágrafo" (83). "Algum dia tudo fará sentido. Enquanto isso, ria da confusão, chore um pouco... E entenda que tudo acontece por alguma razão" (84). "Ainda bem que sempre existe outro dia. E outros sonhos. E outros risos. E outras pessoas. E outras coisas [...]" (85).

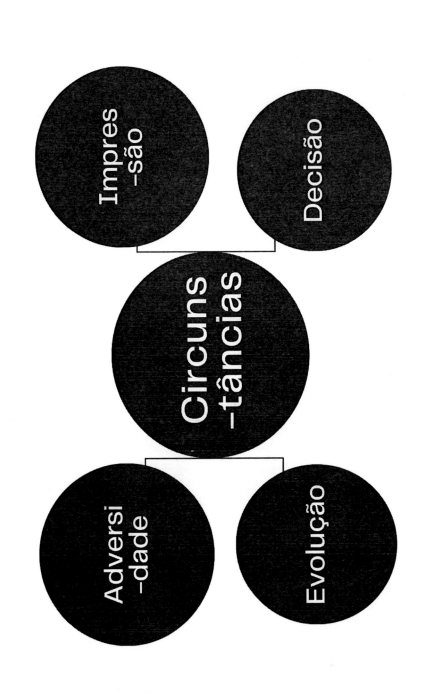

Isso nos dá força para acreditar que "nenhuma queda é em vão, nenhuma dor o consome sem lhe ensinar algo; aceite as circunstâncias. Nada em sua vida acontece em vão, aceite a lição. Por trás de cada adversidade encontra-se um fragmento para a sua evolução" (86). "A noite não é o fim do dia. É o começo do dia que vem" (87). "[...] E se amanhã não for nada disso caberá só a mim esquecer e eu vou sobreviver. O que eu ganho, o que eu perco ninguém precisa saber [...]" (88).

"Não tenho que passar boa impressão pra ninguém. Não sou impressora!" (89). "Já me frustrei inúmeras vezes, e hoje a essa altura da vida me dou ao luxo de não agradar a todos. Sou um mundo e não todo mundo" (90). "Eu não sou o que me aconteceu. Eu sou o que escolho me tornar" (91). "Mesmo quando tudo parece desabar, cabe a mim decidir entre rir ou chorar, ir ou ficar, desistir ou lutar; porque descobri, no caminho incerto da vida, que o mais importante é o decidir" (92).

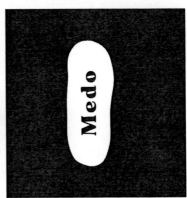

PONTES

E o decidir aí significa fazer escolhas. Na verdade, "nós nunca descobriremos o que vem depois da escolha, se não tomarmos uma decisão. Por isso, entenda os seus medos, mas jamais deixe que eles sufoquem os sonhos. Siga o coelho. Não tenha medo de entrar em lugares onde você acha que não cabe" (93). "Quando alimentamos mais a nossa coragem do que os nossos medos... Passamos a derrubar muros e a construir pontes" (94).

O que mais está em falta hoje dentro dos relacionamentos é a construção de pontes. As pessoas se enclausuram em seus mundinhos achando que são autossuficientes e, por conta disso, acabam afastando-se das boas convivências. Por isso, o mundo de hoje está com os valores invertidos... É que "a tragédia dessa geração é o corpo bonito, a alma feia e a mente vazia" (95). "Talvez você esteja buscando nos galhos o que só encontramos nas raízes" (96).

- Consequência
- Atitude
- **Livre-arbítrio**
- Escolha
- Possibilidade

Aí está a razão de tanta ruptura de princípios e valores. "Então você aprende que cada um oferece o que tem. E você para de revidar, de se preocupar, de se abalar, de tentar remar contra a correnteza. Percebe que você atrai o que transmite e passa a usar o seu tempo só com o que te faz bem. E aí, fica em paz [...]" (97).

"A vida é uma combinação de destino e livre--arbítrio. A chuva é o destino, a possibilidade de se molhar ou não é escolha sua" (98). Por essa razão, cada qual faz a sua escolha e vive as consequências que dela resultarem. "Nem sempre podemos escolher a música que a vida toca. Mas podemos escolher o jeito de dançar" (99). "A gente supera a partir do momento em que decide o que merece" (100). Tudo depende do jeito de repensar nossas atitudes.

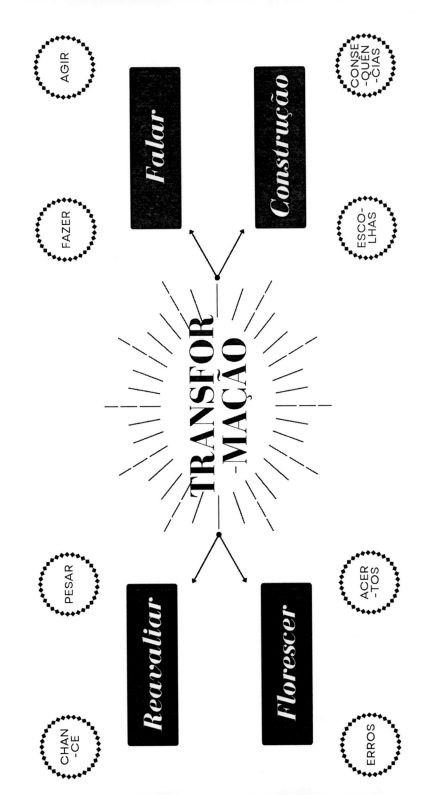

Sempre que se disser sim para algo, está dizendo não para outro e vice-versa. Portanto, é necessário reavaliar o modo de agir, fazer e falar, pois "[...] viver é isto: ficar se equilibrando o tempo todo, entre escolhas e consequências" (101). "Não somos apenas o que pensamos ser. Somos mais; somos também, o que lembramos e aquilo de que nos esquecemos; somos as palavras que trocamos, os enganos que cometemos, os impulsos a que cedemos, 'sem querer'" (102). Em outras palavras, somos uma obra em constante construção e transformação, na qual os erros e acertos vão nos moldando à medida que o tempo passa.

Agora, "bom mesmo é quando a gente entende que não precisa ser perfeita, não precisa ser aceita, não precisa agradar todo mundo, não precisa estar certa, não precisa vencer, não precisa ter razão, não precisa sequer concorrer... Porque descobri que bom mesmo é ser você!!!" (103). E, mesmo com todos os defeitos, podemos dizer que temos uma essência sempre pronta a florescer, pois apesar dos pesares, é preciso acreditar que "com cada nova manhã, nasce junto uma nova chance!" (104). Por quê?

ESTAÇÕES

| Surpresas | Existência | Sonho | Riso |

⟵ ⟶

| Alterações | Desgaste | Florescer | Enfrentamento |

Porque "a vida segue acontecendo nos detalhes, nos desvios, nas surpresas e nas alterações de rota que não são determinadas por você" (105)... São determinadas por Deus e, por isso, ela simplesmente acontece... Precisamos entender que "florescer exige passar por todas as estações" (106). "No meu entender o ser humano têm duas saídas para enfrentar o trágico da existência: o sonho e o riso" (107). Isso requer um constante enfrentamento da vida.

E "tem hora que é imprescindível chutar o balde. Tem hora que é fundamental deixar a verdade nua e crua vir à tona. E você passa a achar que não tem vocação pra ser legal o tempo inteiro. E é verdade. Ninguém tem. É cansativo. Desgastante. Já somos legais à beça por tentar. Tem gente que nem isso" (108).

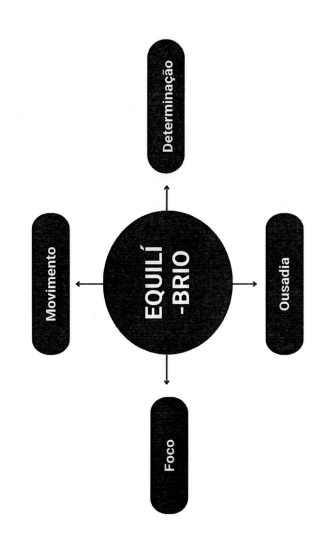

Além do mais, "quem muito julga, muito esconde. Quem muito condena, quer tirar o foco de seus erros e apontar o dedo para o erro dos outros. A quantidade de pedras que você tem na mão é proporcional ao tamanho da máscara que você usa" (109). Consequentemente, "a vida é como andar de bicicleta. Para ter equilíbrio você tem que se manter em movimento" (110). "Superar é preciso. Seguir em frente é essencial. Olhar pra trás é perda de tempo. Passado se fosse bom era presente" (111).

E apesar de tudo é bom lembrar que "mesmo depois do leite derramado é importante pensar que a vida continua e a vaca não morreu" (112). É preciso que a gente "lute com determinação, abrace a vida com paixão, perca com classe e vença com ousadia, porque o mundo pertence a quem se atreve e a vida é muito para ser insignificante" (113).

Aí se encontra a razão de vivermos bem "um dia de cada vez, que é pra não perder as boas surpresas da vida" (114). E viver as boas surpresas da vida é entender que um dia "toda beleza envelhece, o dinheiro acaba e a piada perde a graça... Apenas sua essência permanece. Então impressione o mundo com seu caráter, não com as aparências [...]" (115).

No final de tudo, não podemos esquecer que o que irá valer são nossas atitudes... Podem ser pequenas, mas que sejam autênticas. "A alma não tem segredo que o comportamento não revele" (116). E assim como a alma tem algo a revelar e mostrar da nossa essência, nossas atitudes definem nossas crenças, nossos valores e nossos princípios sobre a vida. "Melhor do que ser conhecido é ser uma pessoa que vale a pena conhecer" (117).

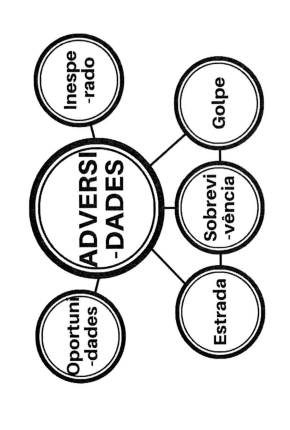

A verdadeira felicidade e o verdadeiro sentido das coisas consiste nisso. "[...] Uma pessoa feliz não tem tudo de melhor; ela torna tudo melhor" (118). O mundo é assim, "se a gente cresce com os golpes duros da vida, também podemos crescer com os toques suaves na alma" (119). Só que "algumas coisas da vida não precisam fazer sentido, basta valer a pena" (120).

Esse é o segredo da sobrevivência. Não dá para negar e deixar de reconhecer que as "adversidades são grandes oportunidades" (121). Oportunidades essas para se fazer de um jeito novo e diferente... A escolha é de cada um... "A sua estrada é somente sua. Outros podem acompanhá-lo, mas ninguém pode andar por você" (122). Devemos lembrar que "o preço de qualquer coisa é a quantidade de vida que você troca por isso" (123). No entanto, "[...] é o inesperado que muda nossas vidas" (124).

```mermaid
graph
    Pedras -.- Caminho
    Derrota -.- Caminho
    Momento -.- Caminho
    Caminho -.- Flores
    Caminho -.- Evolução
    Caminho -.- Chegada
```

Por isso, "no fundo, alguma coisa me diz que vai dar tudo certo. Que os caminhos são tortos, mas a chegada é certa. Que há coisas bonitas esperando lá na frente, se a gente acredita. E eu acredito! Vivo de acreditar. E acredito que o que importa mesmo não são as pedras que encontro pelo caminho, mas sim as flores que carrego comigo. Dentro do coração" (125). Também "acredito que tudo na vida tem um momento, uma razão e um porquê. Confesso não entender nenhum deles, mas faz parte da nossa missão desconhecida, aceitar o inaceitável e evoluir com o que não nos matar" (126).

"Ter problemas na vida é inevitável, ser derrotado por eles é opcional" (127). "Cada pessoa é aquilo que crê, fala do que gosta, retém o que procura, ensina o que aprende, tem o que dá e vale o que faz" (128). Em outras palavras, "quando te faltar sorte, faça sobrar atitudes. O azar morre de medo das pessoas determinadas" (129). "Não se... Desespere. Tudo que dá muito... Errado, tende a... Dar certo algum dia" (130).

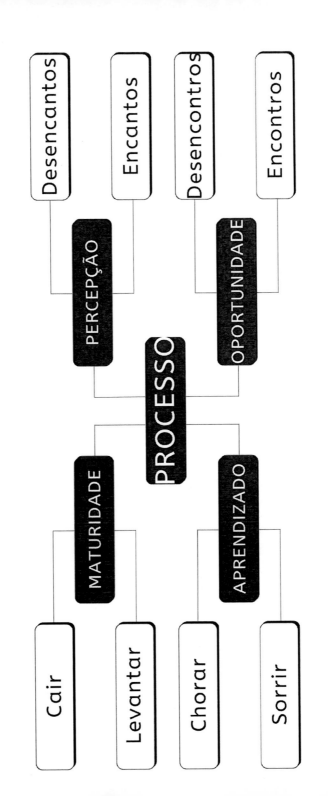

Nesse tocante, ter maturidade ajuda a ampliar a percepção sobre as coisas porque "[...] me permite olhar com menos ilusões, aceitar com menos sofrimento, entender com mais tranquilidade, querer com mais doçura" (131). Chegar a esse estágio é complexo e leva tempo. E tem momentos que eu "preciso de um canto para ficar quieta, lendo, respirando, sem fazer nada" (132).

Porém, "até o último suspiro a vida é um processo" (133). Um processo de cair e levantar, chorar e sorrir, desencantos e encantos, desencontros e encontros... E tudo isso numa cadeia cíclica que só tem um ponto-final, nessa dimensão, com a morte. Com muita dor, nesse processo, eu aprendi que "a essência da vida é andar para frente; sem possibilidade de fazer ou intentar marcha a trás. Na realidade, a vida é uma rua de sentido único" (134). Este é o segredo dela: transformá-la numa oportunidade de aprendizado.

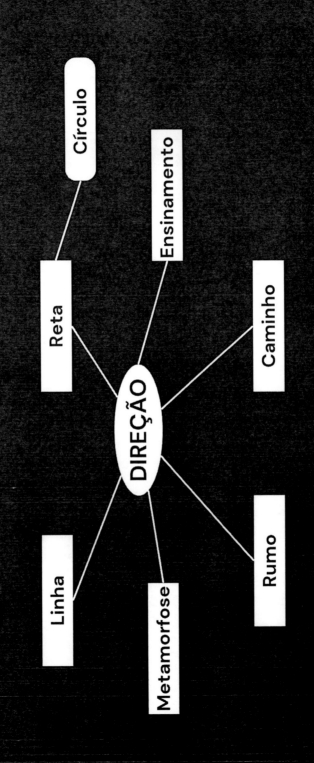

Mas é que "nada é absoluto; tudo se muda; tudo se move, tudo revoluciona; tudo voa e se vai" (135). Dentro dessa constante metamorfose que suspiramos, "a vida é um caminho longo, onde você é mestre e aluno; algumas vezes você ensina e todos os dias você aprende" (136). E um dos grandes ensinamentos dela é que "às vezes é preciso perder o norte para conhecer as outras direções" (137).

Decerto que "eu jamais chegaria aonde cheguei se só andasse em linha reta. Tive que voltar atrás, andar em círculos, perder dias, perder o rumo [...]" (138). No entanto, "quando tudo parece dar errado, acontecem coisas boas que não teriam acontecido se tudo tivesse dado certo!" (139). "O mundo não para pra esperar você ficar bem" (140). Por isso, temos que continuar caminhando, com a certeza de que tudo ao seu tempo se resolve. Por quê?

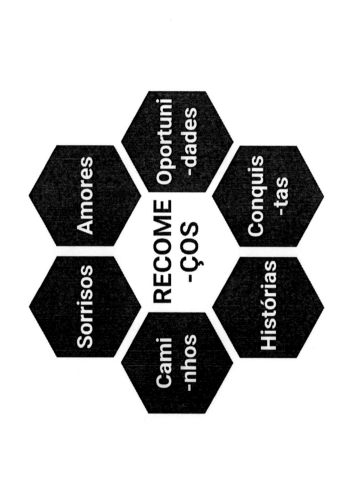

Porque "no fim, tudo dá certo. Se ainda não deu é porque não chegou ao fim" (141). A vida tem dessas coisas... Então, "um brinde aos recomeços que nos permitem escolher outros caminhos e novos fins" (142). "Quem fica esperando que o vento mude e que o tempo fique bom nunca plantará, nem colherá nada" (143). "Que venham então novos sorrisos, novos amores, novas oportunidades, novas conquistas. Enfim, que venham novas histórias para poder contar e, assim, relembrar [...]" (144).

"A vida é feita de dias que não significam nada, e de momentos que significam tudo" (145). Eis por que "é preciso de altos e baixos. De outra forma, você não saberia a diferença. Seria tudo uniforme, linha reta, como olhar para um monitor de batimentos cardíacos. E, quando rola aquela linha reta, baby, você está morto" (146). Nisso é que consiste o grande e constante desafio de lidar com o inesperado e viver as grandes surpresas.

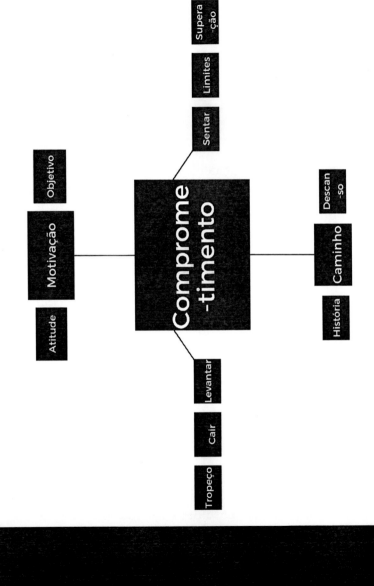

Não podemos nos esquecer de que "zona de conforto é nosso vício mais perigoso" (147). E o que realmente vale é o comprometimento que temos que ter para seguir adiante, não a desculpa pela falta de motivação como forma de não se fazer nem de realizar nada. Sigamos em frente, mas com cuidado e cautela, afinal, não podemos cobrar exemplo dos outros se não o somos também. O mundo é feito de atitudes e não apenas de teorias. "Sei que nem tudo depende de mim, mas não cruzo os braços para a vida. Todos os dias pela manhã eu penso 'hoje vou fazer o melhor que posso'. E assim caminho, tropeço, caio, corro, levanto, sento-me, descanso e vou fazendo minha história" (148).

Por essa razão, "não vim a este mundo para competir com ninguém. Quem acha que quero competir com alguém, perde o seu tempo. Estou aqui pra ultrapassar meus limites, vencer meus medos, lutar contra meus defeitos, superar dificuldades e correr em busca dos meus objetivos. E tudo isso já me ocupa bastante tempo" (149).

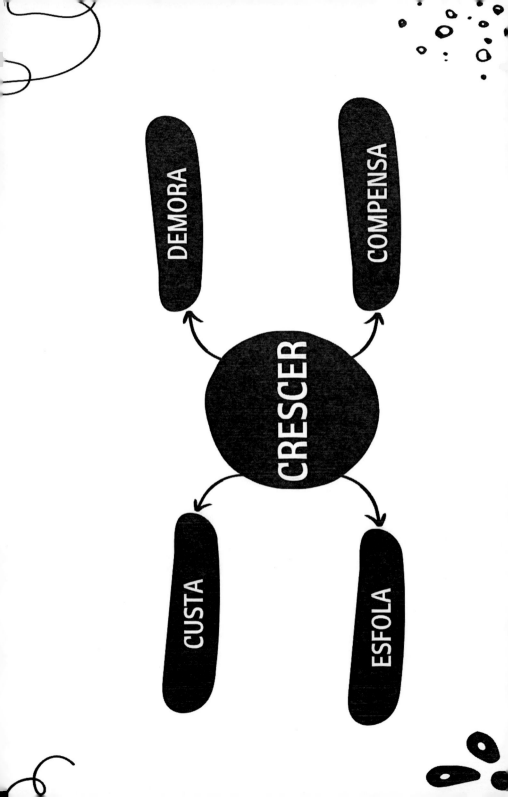

É bom lembrar que "crescer custa, demora, esfola, mas compensa. É uma vitória secreta, sem testemunhas. O adversário somos nós mesmos" (150). Então, "um brinde ao amanhecer e a todas as outras formas de dar a volta por cima, por baixo, não importa, desde que hoje seja melhor que ontem" (151). Além do mais, "dificuldades preparam pessoas comuns para destinos extraordinários" (152).

Não podemos perder a esperança, porque, ao contrário do que dizem, a "esperança, não é a última que morre, é a primeira que nasce quando tudo parece perdido e sem solução, porque quem tem esperança sabe que um dia a tempestade tem que passar e que o choro cessa dando lugar a alegria, porque quem tem esperança tem confiança, quem confia tem fé, quem tem fé tem Deus, e quem tem Ele tem tudo" (153).

ADVERSIDADES

- **01** TOLERÂNCIA
- **02** SIMPATIA
- **03** AUTOCONTROLE
- **04** PERSEVERANÇA

Do mesmo modo "a vida informa: a falta de coragem causa perda de momentos incríveis!!!" (154). Por esse motivo, "sou grato às adversidades que apareceram na minha vida, pois elas me ensinaram a tolerância, a simpatia, o autocontrole, a perseverança e outras qualidades que, sem essas adversidades, eu jamais conheceria" (155).

Por consequência, "podemos fazer um novo começo sempre! E o lindo disso tudo é que sempre e sempre com mais paciência, serenidade e muito, muito mais sabedoria" (156). Assim, "eu espero que a vida te surpreenda e que você não se prenda, não se acanhe, não duvide. Porque parte das coisas boas vem das lutas, mas a outra parte vem sem avisar [...]" (157). E "a felicidade está onde o coração encontra repouso" (158).

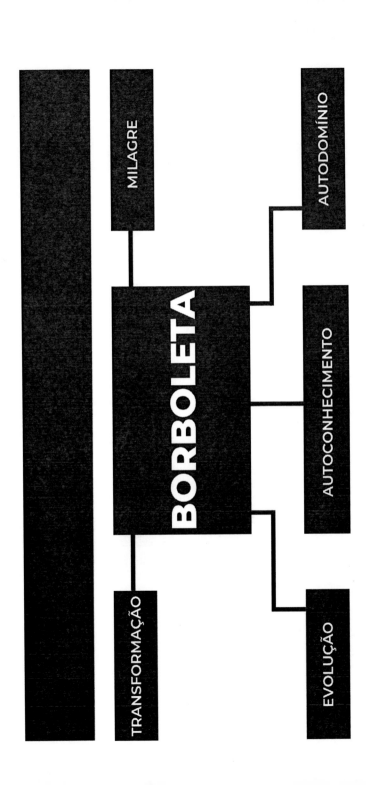

Em outras palavras, "ser feliz não é ter uma vida perfeita, mas deixar de ser vítima dos problemas e se tornar autor da própria história. É atravessar desertos fora de si, mas ser capaz de encontrar um oásis no recôndito da sua alma. É agradecer a Deus a cada manhã pelo milagre da vida" (159). Que possamos extrair da nossa história o melhor daquilo que ela tem para nos oferecer e não desistir de lutar e viver. Por isso, que eu "gosto de borboletas... Me fazem lembrar que na vida, tudo se transforma, sempre!" (160).

Temos que entender que a transformação nos torna mais fortes e evoluídos, nos permitindo um maior autoconhecimento e um maior autodomínio. Na verdade, "não vemos as coisas como são; vemos as coisas como somos" (161). Nosso estado de espírito muitas vezes faz o rumo das coisas mudarem.

ADAPTAR

- **NECESSIDADE**
  - BUSCAR MELHORAR SEMPRE
  - ENTENDER O MOMENTO

- **MUDANÇA**
  - PERSPECTIVA DOS FATOS
  - PIOR MOMENTO × MOMENTO DE MELHORAR

- **MATURIDADE**
  - SABER QUE NEM TUDO PODE SER MUDADO
  - MESMO COM DIFICULDADES NÃO DESANIMAR

É absolutamente essencial saber que a verdadeira "maturidade é viver em paz com aquilo que não se pode mudar ou controlar [...]" (162). Afinal, "viver é adaptar-se" (163). Precisamos buscar olhar as situações sob o melhor ângulo possível para conseguirmos ter sempre a melhor perspectiva dos fatos. "[...] Por maior que seja a dificuldade, jamais desanime. O nosso pior momento na vida é sempre o momento de melhorar" (164).

E mesmo em meio aos momentos mais sombrios, "que na esquina de todas as dores o amor seja o aconchego, o colo de que necessita. Que na travessia da solidão, haja o preenchimento de nós mesmos por dentro como a melhor companhia. Que não falte amparo quando o abraço esperado estiver longe. E que na nossa rotina de dores e amores que ficam e vão, que mesmo com todas as lacunas e vãos, possamos cumprir, nesta existência, lindamente nossa missão" (165).

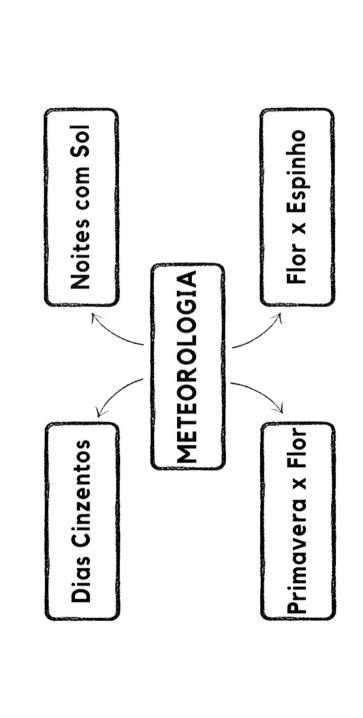

"Já vi borboletas voarem faltando um pedaço da asa e rosas incríveis desabrocharem num copo com água. E é disso que me nutro pra acreditar que a meteorologia nem sempre está certa e que dias cinzentos podem ser prefácios de noites com sol" (166). "Precisamos aprender a aceitar o que a vida nos dá, às vezes perdemos aqui, para ali ganhar" (167). Que "sejamos como a primavera que renasce cada dia mais bela... Exatamente porque nunca são as mesmas flores" (168).

E mesmo tendo a certeza de que nem sempre posso ser como a primavera, afirmo que "não sou sempre flor. Às vezes espinho me define tão melhor. Mas só espeto os dedos de quem acha que me tem nas mãos" (169). Diante disso me tornei amiga da solidão, pois a "solidão prolongada me ensinou a ser exigente. Quando me tornei minha melhor companhia, só me apaixonei por pessoas absolutamente incríveis" (170).

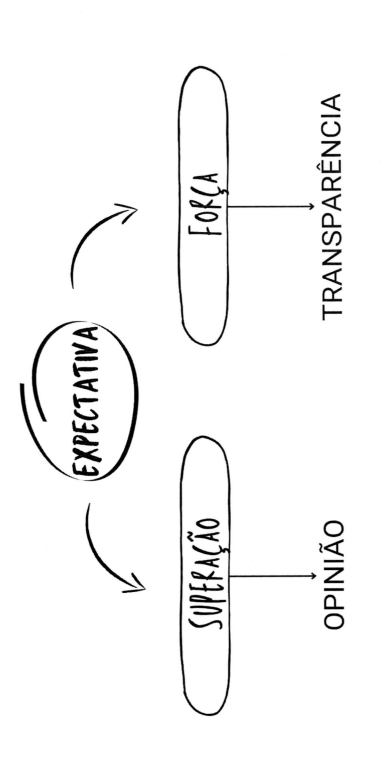

E mais do que se apaixonar por pessoas incríveis é saber que não foi escolhida qualquer pessoa ou quaisquer pessoas para habitarem o meu coração. Até porque "não nasci para ser adequada, coerente, adorável. Nasci para ser gente. Para sentir de verdade. Tenho vocação para transparências e não preciso ser interessante o tempo todo. Por isso, não espere que eu supere as suas expectativas: às vezes, nem eu supero as minhas" (171).

Não precisamos viver nossas vidas pela expectativa dos outros, pois agradar a todos é impossível e, "se você acredita que é capaz, ignore a opinião dos outros e siga em frente. Nem sempre é bom saber o que os outros pensam" (172). Independentemente das expectativas alheias e daquilo que os outros pensam sobre nós, uma coisa é certa: "você nunca sabe a força que tem. Até que a sua única alternativa é ser forte" (173).

```
                HISTÓRIAS
                    |
LEMBRANÇAS ——— TEMPO ——— MUDANÇA
                    |
                SUPERAÇÃO
```

"O ideal é aprender a seguir em frente, superar toda dor e mágoa preservando o sorriso. Entender que é preciso se perdoar também, amando-se um pouco mais e mantendo a fé que coisas boas estão por vir [...]" (174). E "quando tudo parecer sem saída lembre-se que amanhã o dia nasce outra vez com mais uma porta aberta, com mais uma página em branco" (175). Inclusive, "não quero que o tempo volte, nem que as lembranças boas já vividas se repitam. Eu quero novas histórias, maiores e melhores" (176). Mas é claro, "tudo acontece no seu tempo. Tudo acontece, exatamente, quando deve acontecer" (177).

"Saber esperar é uma virtude! Aceitar, sem questionar, que cada coisa tem um tempo certo para acontecer é ter fé!!!" (178). Esse é um exercício diário. Por outro lado, "se as coisas não mudaram até agora, então deixe as coisas como estão e mude você" (179). Mude de perspectiva, de visão, de lugar, de relacionamentos e, porque não dizer, reorganizar as posições e inverter as prioridades.

MOMENTOS	PASSAM	A VIDA CONTINUA
PENSAMENTOS	CONSOMEM	CONTROLAM

Na maioria das vezes "o que consome a sua mente controla a sua vida" (180). E "nem teus piores inimigos podem fazer tanto dano como teus próprios pensamentos" (181). Portanto, "seja forte, siga em frente, respire fundo, e perceba a importância de se ter braços vazios, para que se possa ter espaço em si para abraçar o mundo" (182). Enquanto isso, "não espere esperando, espere vivendo" (183). Porém, lembre-se: "você é livre para fazer suas escolhas. Mas é prisioneiro das consequências" (184).

Dessa forma, "nunca troque o que você quer na vida pelo que você mais quer no momento. Momentos passam, a vida continua" (185). Temos que acreditar na existência e senti-la como um "cheirinho dum novo amanhecer... Tem esperanças aflorando na janela da alma. É hora de aproveitar as alegrias, dar aquele abraço na felicidade, encher o coração com o que faz bem, sorrir, viver, ser feliz!" (186).

A VERDADE COMO O TEMPO

FAZ A GENTE DESAPEGAR DAS MANIAS → REINVENTAR AS CERTEZAS → DESATAR NÓS

CRIAR LAÇOS → DEIXAR DE LADO A AGITAÇÃO → PRIORIZAR O AMOR-PRÓPRIO

Chega uma hora que "a gente vai se completando, dividindo momentos e memórias, tanto que fica impossível separar sem que um leve parte do outro" (187). Todavia, que essa parte do outro seja verdadeira, pois "o que é verdadeiro fica. Não muda. Não vai embora. Quando é de verdade a gente dá um jeito, tenta consertar, muda a direção e recomeça tudo outra vez se for preciso. Mas a gente não desiste. Não abandona. Se é de verdade, a gente permanece até o fim [...]" (188).

É que "com o tempo, a gente se desapega das manias, reinventa as certezas, vai desatando os nós e criando laços, deixa de lado a agitação e passa a curtir a rotina da paz, do amor-próprio, da delicadeza de um livro ou de uma boa companhia. Com o tempo a gente para de viver pra fora e passa a ser feliz por dentro" (189).

VIDA

- Dias nublados
- Dias ensolarados
- O melhor sorriso
- Dias chuvosos
- Ajeitar o brilho no olhar
- Pentear as preocupações para o lado
- Perfumar a alma de bom humor
- Agarrar a felicidade

No entanto, "independente do que estiver sentindo, levante-se, vista-se e saia para brilhar" (190). A vida é feita de dias ensolarados, dias nublados e dias chuvosos... Buscar qualidade naquilo que muitas vezes não faz sentido depende de cada um. "Eu continuo a mesma, apenas fiz novas escolhas, percorri novos caminhos e despertei (lá de dentro) outros risos em mim. Passei a me questionar menos e a me entender mais. E era justamente isso que eu estava precisando: me continuar" (191).

Na verdade, "eu me esforço para ser cada dia melhor, pois bondade também se aprende" (192). No final das contas, "o tempo dissolve o desnecessário e preserva o essencial" (193). Resumindo, que você "pra hoje, vista seu melhor sorriso, penteie as preocupações pro lado. Ajeite o brilho no olhar. Perfume a alma de bom humor. Agarre a Felicidade... E vai! O dia é seu!" (194)... Assim como a noite e tudo o mais são seus... E "que nunca te falte: a estrada que te leva e a força que te levanta. O amor que te humaniza e a razão que te equilibra [...]" (195).

VIDA X TEMPO

- POUCO DUROS
- DESACREDITADOS
- DESUMANOS
- FECHADOS
- POUCO POLIDOS
- EXTREMAMENTE CANSADOS

- FORÇA DE VONTADE
- PERSISTÊNCIA
- MODIFICAR ALGUMA COISA

- VOLTAR ATRÁS
- ENXERGAR O ERRO

"Eu sei que a vida vai nos deixando um pouco duros, desacreditados, desumanos, fechados, pouco polidos e extremamente cansados. Sei que esquecemos as pequenas gentilezas e delicadezas. Também sei que sempre dá pra voltar atrás, basta enxergar onde está o erro, ter força de vontade e persistência e querer, de fato, modificar alguma coisa" (196).

Só não podemos nos esquecer de que "ninguém é massinha de modelar. Não posso te amassar, te moldar, te arrumar da forma que quero. Você é como é, eu sou como sou e podemos nos aceitar assim ou não. A escolha é só nossa. Uma pessoa só muda se quiser, se tem vontade, se faz esforço. Eu não tenho poderes para mudar ninguém, mal consigo ajustar o que está desajustado em mim. O dia que todo mundo entender isso vai ser mais fácil viver a dois, a três, a quatro, a mil" (197).

FELICIDADE

- PEQUENOS DESEJOS
- SILENCIOSAS LEMBRANÇAS
- MOMENTO PRESENTE
- VAGAROSAS SAUDADES

Enquanto isso, "que todas as manhãs sejamos despertados pela vontade de viver e que nunca, de maneira alguma, nos falte Fé para recomeçar os nossos dias [...]" (198). "Tenho aprendido com o tempo que a felicidade vibra na frequência das coisas mais simples. Que o que amacia a vida, acende o riso, convida a alma pra brincar, são essas imensas coisas pequeninas bordadas com fios de luz no tecido áspero do cotidiano" (199). Em outras palavras, o grande desafio é que "muitas pessoas perdem as pequenas alegrias enquanto aguardam a grande felicidade" (200).

Só que a nossa existência é feita de pequenas e constantes atitudes vividas no momento presente. Quer dizer, "de que são feitos os dias? De pequenos desejos, vagarosas saudades e silenciosas lembranças" (201). Infelizmente não temos uma Über-Morlock[1](Supermáquina do Tempo) onde podemos refazer o que ficou errado. Mas podemos recomeçar a partir do ponto em que estamos e fazer o certo.

---

[1] Über: na gíria inglesa significa muito, mega, super, ultra, melhor, *cool*. **Morlock**: são os personagens criados pelo escritor britânico H.G. Wells para seu livro *A Máquina do Tempo*. Em sentido geral, Über-Morlock significa Máquina do Tempo. Disponível em: https://pt.m.wikipedia.org/wiki/Morlocks. Acesso em: 24 out. 2022.

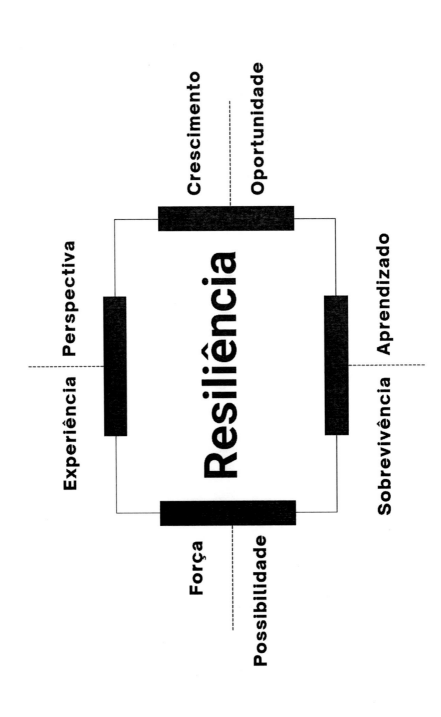

Essa é a possibilidade que Deus nos dá diariamente para sermos pessoas melhores. Não podemos esquecer que "o estilo de vida mais feliz é aquele que nos proporciona as maiores oportunidades de ganhar nossa própria estima" (202). "A vida não é mais que uma contínua sucessão de oportunidades para sobreviver" (203). Então, "[...] não diga que a canção está perdida. Tenha fé em Deus, tenha fé na vida. Tente outra vez. Beba, pois a água viva ainda está na fonte [...]" (204).

"Que bons ventos tragam novos ares! Que a peleja sirva de aprendizado. E que a gente não deixe de ser grata nunca. Amém" (205). Porém, "se pudesse, não sofreria mais... Nenhuma frustração. Mas isso equivaleria a não... Estar mais disposto a viver. Então, que venham as... Danadas. Uma de cada vez, que sou forte, mas não duas" (206). Sabemos que o sofrimento nos torna mais resilientes, ampliando nossas experiências e aumentando nossas perspectivas de crescimento.

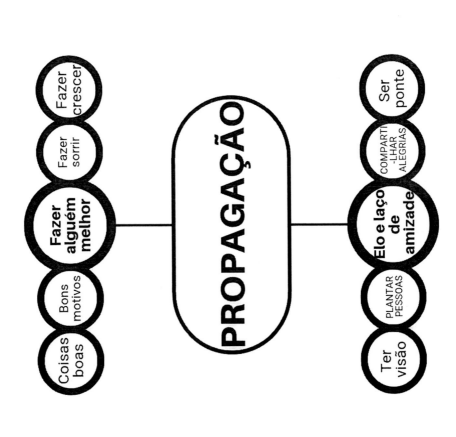

Por isso, "use o tempo para propagar coisas boas... Para falar o que convém, para dar bons motivos, para fazer alguém melhor, para sorrir, para crescer espiritualmente. Para compartilhar alegrias, para ser ponte, elo e laço de amizade e amor. Há muitos que Te precisam assim" (207).

Esse é o maior imprinting[2] que devemos deixar em quem passa por nós. Ninguém que passa o faz por acaso, muito menos sem deixar um rastro de sua existência. A nossa construção de relacionamentos deve ser pautada na nossa visão de mundo... Afinal, "se a sua visão é para um ano, plante trigo. Se a sua visão é para uma década, plante árvores. Se a sua visão é para toda a vida, plante pessoas" (208).

---

[2] *Imprinting*: é uma marca; impressão; ponto referencial que um indivíduo estabelece a partir da relação/vínculo e engrama (banco de memória onde é guardado e armazenado registros de experiências) estático construído com o outro desde o seu nascimento. Um termo semelhante a este é o *To Stampin*, que significa estampado (Benenzon, 1988, p. 38).

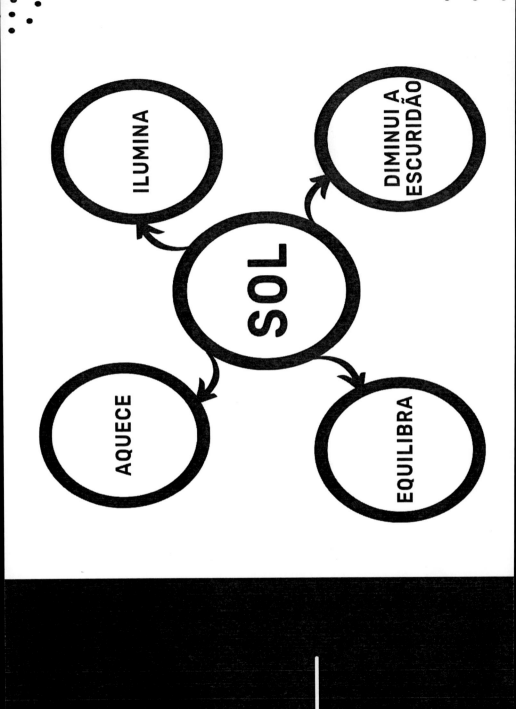

Enfim, que possamos ser Sol que aquece os corações, luz que ajuda a diminuir a escuridão da alma e o equilíbrio harmonioso que promove a paz para aqueles que nos cercam. Pois, "a cada amanhecer, Deus nos dá a chance de sermos melhores do que ontem" (209)... Melhores para com Ele, para conosco mesmos e para com o outro.

CONCLUSÃO

Falar sobre relacionamento humano é um grande desafio a ser enfrentado diariamente. É pensar em afinidades e contrários, tudo isso ao mesmo tempo, nas mesmas pessoas com quem nos relacionamos ou não. Entretanto, nesse processo cíclico devemos apreender acima de tudo que tocar o coração humano é essencial para que qualquer relacionamento subsista. Essa é a melhor "escuta ontológica"[3] que uma pessoa pode desenvolver na vida.

---

[3] **Escuta ontológica: escuta** – do verbo "escutar" – refere-se ao ato de prestar atenção no que se ouve. Ou seja, implica aí um processo fisiológico e psicológico simultaneamente. **Ontológica** – de Ontologia – deriva do grego e significa ciência do ser. Refere-se "à parte da metafísica que trata da natureza, realidade e existência dos entes. A ontologia trata do *ser enquanto ser*, isto é, do ser concebido como tendo uma natureza comum que é inerente a todos e a cada um dos seres que gosta de estudar". Pode-se entender que **escuta ontológica** diz respeito ao modo como apreendemos aquilo que ouvimos e que nos é transmitido, sem julgamentos e sem críticas. Disponível em: pt.m.wikipedia.org/wiki e http://www.educacao.cc/lingua-portuguesa/diferenca-entre-ouvir-e-escutar-entender-e-compreender/. Acesso em: 24 out. 2022.

FAZER A DIFERENÇA

- Compartilhar de objetivos
- Construção de pessoas
- Essência do ser
- Mosaico de experiências
- Deixar marcas
- Variadas situações

Até porque "quando tiramos a letra 'V' de 'vida', ela se explica: 'ida'" (210). Fazer com que ela tenha um real significado dependerá de cada atitude tomada... Não como força do hábito, mas aquilo que exprime a essência do ser, num compartilhar de objetivos, valores e princípios pautados na construção de pessoas. Esse é um *continuum* que vai sendo tecido como um mosaico... Um mosaico de expectativas e frustrações. Pois, dentro do universo individual de cada um, há um mundo único que é determinado pelas escolhas que se faz.

É nesse constante ir e vir que somos marcados por formas variadas de situações e, ao mesmo tempo, também deixamos marcas. Eis o princípio básico de se viver em comunidade: "somos o resultado de experiências positivas e negativas provenientes das relações interpessoais e circunstanciais que colecionamos ao longo de nossa existência" (211). Encontrar um sentido na vida por meio das relações interpessoais só é possível quando entendemos que o outro é o nosso reflexo e que, portanto, precisamos refletir os nossos melhores anseios e atitudes, pois assim poderemos chegar ao ponto de termos cumprido com a nossa missão principal: fazer a diferença!!!

NOMES DOS AUTORES DAS FRASES UTILIZADAS NESTA OBRA:

1 – Marcelo Petter de Vargas.
2 – Do filme *"Os Últimos Cavaleiros"*.
3 – Autor desconhecido.
4 – Mário Sérgio Cortella.
5 – Jessika Almeida.
6 – Martha Medeiros.
7 – Augusto Cury.
8 – Chico Xavier.
9 – Autor desconhecido.
10 – Charles Chaplin.
11 – Antoine Saint-Exupéry.
12 – Alexsandra Zulpo.
13 e 14 – Caio Fernando de Abreu.
15 – Chico Buarque.
16 – Caio Fernando de Abreu.
17 – Karen Berg.
18 – Erika Carvalho.
19 – Maria Flor.
20 – Caio Fernando de Abreu.
21 – Lorena Prazeres.
22 – Rodrigo de Abreu.
23 – Caio Fernando de Abreu.

24 – Martha Medeiros.
25 – Autor desconhecido.
26 – Zack Magiezi.
27 – Autor desconhecido.
28 – Clarice Lispector.
29 – Dan.
30 – Maurício Louzada.
31 – Albert Einstein / Débora Carvalho.
32 – Clarissa Corrêa.
33 – Antoine Saint-Exupéry.
34 – Pedro Bial.
35 – Martha Medeiros.
36 – Cora Coralina.
37 – Vinícius de Morais.
38 – Mario Calfat Neto.
39 – Mateus Rocha.
40 – Clarissa Corrêa.
41 – Camila Costa.
42 – Papa Francisco / Bob Marley.
43 – Fernando Pessoa / Fernando Sabino / Maria Julia Paes de Silva.
44 – Cora Coralina.
45 – Fernanda Gaona.
46 – Aurilene Damaceno.
47 – Frederico Elboni.
48 – Clarice Lispector / Thaísa Lima.

49 – Autor desconhecido.
50 – Luiz Fernando Veríssimo.
51 – Moreira da Silva.
52 – Autor desconhecido.
53 – William Shakespeare / Veronica Shoffstall.
54 – Ita Portugal.
55 – Immanuel Kant.
56 – Edmilson Naves de Oliveira.
57 – Rubem Alves.
58 – Autor desconhecido.
59 – Miky Maclovin.
60 – Clarice Lispector.
61 – Maria Izabel da Silva Thomaz.
62 – Autor desconhecido.
63 – Toni Correa Costa.
64 – Clarice Lispector.
65 – Do livro e filme *"Para Sempre"*.
66 – Martha Medeiros.
67 – William Jennings Bryan adaptado por Suellen Cássia.
68 – Carlos Drummond de Andrade.
69 – Autor desconhecido.
70 – Caio Fernando de Abreu.
71 – Maíra Cintra / Chico Xavier.
72 – Cecília Sfalsin.

73 – Luiz Moreno.
74 – Cecília Sfalsin / Berenice Pasin.
75 – Sam Lima / Luara Quaresma.
76 – Sócrates / Dan Millman / Mayara Benatti.
77 – Robert Frost.
78 – Aníbal.
79 – Augusto Cury / Bárbara Coré.
80 – Wilton Lazarotto.
81 – William Shakespeare.
82 – Lao Tzu / Earl Nightingale / Mayara Benatti.
83 – William Rafael Dimas / Caio Fernando Abreu.
84 – Paulo Coelho.
85 – Clarice Lispector.
86 – Vinicius N. Morais.
87 – Guimarães Rosa.
88 – Lulu Santos.
89 – Albert Einstein.
90 – Autor desconhecido.
91 – Carl Gustav Young.
92 – Cora Coralina.
93 – Bruna Vieira / Lewis Carroll.
94 – Lígia Guerra.
95 – Roberta Thornton.
96 – Rumi.
97 – Karla Tabalipa.

98 – Sri Sri Ravi Shankar.

99 – Denise Lessa.

100 – Clarissa Corrêa.

101 – Jean Paul-Sartre.

102 – Sigmund Freud / Daniel Moreira Alves.

103 e 104 – Autor desconhecido.

105 – Martha Medeiros.

106 – Ita Portugal / Mayara Benatti / Pamela da Cunha Almeida.

107 – Ariano Suassuna.

108 – Martha Medeiros.

109 – Marcilene Lidovino.

110 – Albert Einstein.

111 – Clarice Lispector / Mestre De Rose.

112 – Eno Teodoro Wanke.

113 – Charlie Chaplin / Augusto Branco.

114 – Clarice Lispector.

115 – Kenia Cristina.

116 – Lao Tse.

117 – Mayara Benatti.

118 – Yla Fernandes / Regina Souza.

119 – Cora Coralina.

120 – Renato Russo.

121 – Provérbio árabe.

122 – Rumi.

123 – Henry David Thoreau.
124 – MeredithGrey / Flávia Ferrari.
125 – Monalisa Macedo.
126 – Autor desconhecido.
127 – Roger Crawford.
128 – Chico Xavier.
129 – Sarita Engel.
130 – Marck.
131, 132 e 133 – Lya Luft.
134 – Agatha Christie.
135 – Frida Kahlo.
136 e 137 – Autor desconhecido.
138 – Marla de Queiroz.
139 – Renato Russo.
140 – Rumi / Mayara Benatti.
141 – Fernando Sabino.
142 – Tati Zanella / Mayara Benatti / Monalisa Macêdo.
143 – Eclesiastes 11:4.
144 – Everton Melo.
145 – Ricardo Blefari.
146 – Keith Richards.
147 – Autor desconhecido.
148 – Regina Souza.
149 – Padre Fábio de Mello / Cássia Eller.

150 – Martha Medeiros.

151 – Tati Zanella.

152 – C. S. Lewis.

153 – Yla Fernandes.

154 – Mads Deodato / Roger Stankewski.

155 – Napoleon Hill.

156 – Dalai Lama.

157 – Fernanda Gaona.

158 – Provérbio navajo / Clarice Lispector / Amanda Beatriz.

159 – Augusto Cury.

160 – Vanessa Leonardi / Maria da Luz / Adriana Araújo Leal.

161 – Anaïs Niu.

162 – Mahatma Gandhi / Laina Maria.

163 – Euclides da Cunha.

164 – Chico Xavier.

165 e 166 – Marla de Queiroz

167 – Mato Seco.

168 – Clarice Lispector.

169 – Marla de Queiroz / Clarice Lispector.

170 e 171 – Marla de Queiroz.

172 – Augusto Cury / A.D. / Filipe Pancheri.

173 – Johnny Depp.

174 – Diego Vinícius.

175 – Edna Frigato.
176 – Dani Moraes / Cello Menezes.
177 – Guns n'Roses.
178 – Blue Shell.
179 – Martha Medeiros.
180 – Zig Ziglar / Andre Franco.
181 – Buda.
182 – Marla de Queiroz.
183 – Frei Jaime Bettega / Paulo Leminski / Alexsandra Zulpo / Enrique Agïda.
184 – Pablo Neruda.
185 – Renato Russo / Bob Marley.
186 – Fran Ximenes.
187 – Roger Stankewski.
188 – Marcely Pieroni Gastaldi.
189 – Tati Zanella.
190 – Paulo Coelho.
191 – Martha Medeiros / Bibiana Benites / Junker Marcos.
192 – Cora Coralina.
193 – Li Ferreira / Mayara Benatti.
194 – Autor desconhecido.
195 – Lou Witt.
196 e 197 – Clarissa Corrêa.
198 – Maíra Cintra / Chico Xavier.

199 – Ana Jácomo.
200 – Pearl S. Buck / Ane Freire.
201 – Cecília Meireles.
202 – Samuel Johnson.
203 – Gabriel García Márquez.
204 – Raul Seixas / Paulo Coelho / Marcelo Motta.
205 – Fernanda Mello.
206 – Martha Medeiros.
207 – Fran Ximenes / Damaris Ester Dalmas.
208 – George Barna / Provérbio chinês.
209 – Autor desconhecido.
210 – Eduardo de Paula Barreto.
211 – Iedda Carolina.

REFERÊNCIAS BIBLIOGRÁFICAS

BENENZON, Rolando. **Teoria da Musicoterapia**: contribuição ao conhecimento do contexto não-verbal. 3. ed. São Paulo: Summus, 1988.

Disponível em: https://mensagem.online/308920-o_relacionamento_e_fundamento_transformador_da_sociedade. Acesso em: 24 out. 2022.

Disponível em: https://www.cmjornal.pt/cultura/detalhe/honra_e_lealdade_sao_inquebraveis. Acesso em: 24 out. 2022.

Disponível em: https://www.pensador.com/relacao_interpessoal_epigrafes/. Acesso em: 24 out. 2022.

Disponível em: https://www.pensador.com/frase/MTQzMTA1Ng/. Acesso em: 24 out. 2022.

Disponível em: https://www.pensador.com/frase/MTc2NTA5Ng/. Acesso em: 24 out. 2022.

Disponível em: https://frases.tube/32360_superior-e-aquele-que-sabe-que-na-verdade-ninguem-e-melhor. Acesso em: 24 out. 2022.

Disponível em: http://mundodasimagens.com/imagem-332. Acesso em: 24 out. 2022.

Disponível em: https://frases.tube/32091_por-mais-inteligente-que-alguem-possa-ser-se-nao-for-humild. Acesso em: 24 out. 2022.

Disponível em: https://br.pinterest.com/pin/681662093572293379/. Acesso em: 24 out. 2022.

Disponível em: https://kdfrases.com/frase/158185. Acesso em: 24 out. 2022.

Disponível em: https://www.pensador.com/tu_te_tornas_eternamente_responsavel/. Acesso em: 24 out. 2022.

Disponível em: https://www.pensador.com/frase/MTQzODU0Mw/. Acesso em: 24 out. 2022.

Disponível em: https://www.pensador.com/frase/NzcwNDk3/. Acesso em: 24 out. 2022.

Disponível em: https://kdfrases.com/frase/95038. Acesso em: 24 out. 2022.

Disponível em: https://www.pensador.com/frase/ODA4OTAy/. Acesso em: 24 out. 2022.

Disponível em: https://www.pensador.com/frase/MTkwNzQ4NQ/. Acesso em: 24 out. 2022.

Disponível em: https://br.pinterest.com/pin/492229434248027699/. Acesso em: 24 out. 2022.

Disponível em: https://www.pensador.com/frase/MTE5NDMxMQ/. Acesso em: 24 out. 2022.

Disponível em: https://br.pinterest.com/pin/231161393350157958/. Acesso em: 24 out. 2022.

Disponível em: https://www.pensador.com/frase/NzM1OTI1/. Acesso em: 24 out. 2022.

Disponível em: https://www.pensador.com/frase/ODA3NDgy/. Acesso em: 24 out. 2022.

Disponível em: https://www.pensador.com/frase/MTU2OTYyMg/. Acesso em: 24 out. 2022.

Disponível em: https://www.pensador.com/frase/ODMyMjYx/. Acesso em: 24 out. 2022.

Disponível em: https://br.pinterest.com/pin/611082243173138257/. Acesso em: 24 out. 2022.

Disponível em: https://br.pinterest.com/pin/376402481334414504/. Acesso em: 24 out. 2022.

Disponível em: https://www.lindasmensagens.com.br/frase/na-bolsa-de-valores-amorosa-so-ganha-quem-tem-acoes.html. Acesso em: 24 out. 2022.

Disponível em: https://www.pensador.com/frase/MTU0MzE0MA/. Acesso em: 24 out. 2022.

Disponível em: https://www.pensador.com/frase/MjA1NjgwNQ/. Acesso em: 24 out. 2022.

Disponível em: https://br.pinterest.com/pin/363525001148964309/. Acesso em: 24 out. 2022.

Disponível em: https://www.pensador.com/frase/MTU5MTM0OQ/. Acesso em: 24 out. 2022.

Disponível em: https://frases.tube/32260_momentos-bons-e-ruins-fazem-parte-da-vida-a-diferenca-e. Acesso em: 24 out. 2022.

Disponível em: https://www.pensador.com/frase/OTM0Nzk3/. Acesso em: 24 out. 2022.

Disponível em: https://kdfrases.com/frase/114871. Acesso em: 24 out. 2022.

Disponível em: https://www.pensador.com/frase/MTQ2NTg4OA/. Acesso em: 24 out. 2022.

Disponível em: https://www.pensador.com/frase/ODg2MjM1/. Acesso em: 24 out. 2022.

Disponível em: https://slideplayer.com.br/slide/6140500/. Acesso em: 24 out. 2022.

Disponível em: https://www.pensador.com/frase/NjIzMzQ2/. Acesso em: 24 out. 2022.

Disponível em: https://www.pensador.com/frase/MTM4M-jY3Mg/. Acesso em: 24 out. 2022.

Disponível em: https://br.pinterest.com/pin/306526318371456052/?mt=login. Acesso em: 24 out. 2022.

Disponível em: https://www.pensador.com/frase/ODc4MTMy/. Acesso em: 24 out. 2022.

Disponível em: https://www.pensador.com/frase/ODcxNjkw/. Acesso em: 24 out. 2022.

Disponível em: https://mensagem.online/31268-se_a_gente_espalhar_coisas_boas_por_onde_passar. Acesso em: 24 out. 2022.

Disponível em: https://kdfrases.com/frase/141739. Acesso em: 24 out. 2022.

Disponível em: https://br.pinterest.com/pin/475059460707072713/. Acesso em: 24 out. 2022.

Disponível em: https://www.pensador.com/frase/ODI0Mjcy/. Acesso em: 24 out. 2022.

Disponível em: https://www.pensador.com/frase/NzU0MzY4/. Acesso em: 24 out. 2022.

Disponível em: https://frases.tube/70828_uma-pessoa-inteira-br-nao-merece-br-uma-pela-metade. Acesso em: 24 out. 2022.

Disponível em: https://kdfrases.com/frase/98795. Acesso em: 24 out. 2022.

Disponível em: https://www.pensador.com/frase/MTQ2NzExNQ/. Acesso em: 24 out. 2022.

Disponível em: https://www.pensador.com/frase/NzgyNTU2/. Acesso em: 24 out. 2022.

Disponível em: https://www.pensador.com/frase/MTU5ODY4OQ/. Acesso em: 24 out. 2022.

Disponível em: https://www.pensador.com/frase/MTQxMTk1Nw/. Acesso em: 24 out. 2022.

Disponível em: https://www.pensador.com/depois_de_algum_tempo_voce_aprende/. Acesso em: 24 out. 2022.

Disponível em: https://www.maravilhadefrases.com/2020/07/vida-e-breve.html?m=0. Acesso em: 24 out. 2022.

Disponível em: https://www.pensador.com/frase/NTUwNzI4/. Acesso em: 24 out. 2022.

Disponível em: https://www.pensador.com/frase/MjQ4MjI5NA/. Acesso em: 24 out. 2022.

Disponível em: https://www.pensador.com/frase/MTIyMzMyMw/. Acesso em: 24 out. 2022.

Disponível em: https://www.pensador.com/frase/MTc4MDcyNg/. Acesso em: 24 out. 2022.

Disponível em: https://www.pensador.com/frase/ODEyMjkx/. Acesso em: 24 out. 2022.

Disponível em: https://www.pensador.com/frase/OTk3NDIx/. Acesso em: 24 out. 2022.

Disponível em: https://kdfrases.com/usuario/izabelmist/frase/168327. Acesso em: 24 out. 2022.

Disponível em: https://www.pensador.com/frase/MTM1OTg3NA/. Acesso em: 24 out. 2022.

Disponível em: https://www.pensador.com/frase/MTQ3MzcyOQ/. Acesso em: 24 out. 2022.

Disponível em: https://www.pensador.com/frase/OTIzOTY4/. Acesso em: 24 out. 2022.

Disponível em: https://www.pensador.com/frase/MTUzNjIxOQ/. Acesso em: 24 out. 2022.

Disponível em: https://www.pensador.com/frase/MTY0ODEwNA/. Acesso em: 24 out. 2022.

Disponível em: https://www.pensador.com/frase/MzgzNTA3/. Acesso em: 24 out. 2022.

Disponível em: https://www.pensador.com/frase/Mjg2NjIy/. Acesso em: 24 out. 2022.

Disponível em: https://www.direitodefamilia.adv.br/proverbios/. Acesso em: 24 out. 2022.

Disponível em: https://www.pensador.com/frase/ODcyOTcy/. Acesso em: 24 out. 2022.

Disponível em: https://frases.tube/15960_que-todas-as-manhas-sejamos-despertados-pela-vontade-de-vive. Acesso em: 24 out. 2022.

Disponível em: https://frases.tube/33352_coisas-boas-nos-acontecem-quando-a-gente-acredita-quando. Acesso em: 24 out. 2022.

Disponível em: https://www.pensador.com/frase/MTEyNjk4MQ/. Acesso em: 24 out. 2022.

Disponível em: https://br.pinterest.com/pin/70437479482310/. Acesso em: 24 out. 2022.

Disponível em: https://www.pensador.com/frase/MTAxNTc1Mw/. Acesso em: 24 out. 2022.

Disponível em: https://br.pinterest.com/pin/710442909946793355/. Acesso em: 24 out. 2022.

Disponível em: https://www.pensador.com/frase/NDQ1MDk0/. Acesso em: 24 out. 2022.

Disponível em: https://www.pensador.com/frase/MTE3NA/. Acesso em: 24 out. 2022.

Disponível em: https://renasceraos40.blogs.sapo.pt/reflexao-943027. Acesso em: 24 out. 2022.

Disponível em: https://www.pensador.com/frase/MTE4NzI4Ng/. Acesso em: 24 out. 2022.

Disponível em: https://www.pensador.com/frase/MTQ5MzA4Mg/. Acesso em: 24 out. 2022.

Disponível em: https://www.pinterest.es/pin/700520917008565983/. Acesso em: 24 out. 2022.

Disponível em: https://www.pensador.com/frase/MTUxNDg5NQ/. Acesso em: 24 out. 2022.

Disponível em: https://www.pensador.com/frase/MTI2OTMxMw/. Acesso em: 24 out. 2022.

Disponível em: https://kdfrases.com/frase/98572. Acesso em: 24 out. 2022.

Disponível em: https://fraseteca.com.br/frase/545. Acesso em: 24 out. 2022.

Disponível em: https://www.frasesparaoface.com/a-noite-nao-e-o-fim-do-dia/. Acesso em: 24 out. 2022.

Disponível em: https://www.pensador.com/frase/MTU3MTIyOA/. Acesso em: 24 out. 2022.

Disponível em: https://mensagem.online/850522-nao_tenho_que_passar_boa_impressao_pra_ninguem. Acesso em: 24 out. 2022.

Disponível em: https://br.pinterest.com/pin/403846291568081990/. Acesso em: 24 out. 2022.

Disponível em: https://www.pensador.com/frase/MjEzMjczMA/. Acesso em: 24 out. 2022.

Disponível em: https://br.pinterest.com/pin/692076667717536462/. Acesso em: 24 out. 2022.

Disponível em: https://www.pensador.com/frase/MTAwMjQxNA/. Acesso em: 24 out. 2022.

Disponível em: https://www.pensador.com/frase/MTAwMDI4Ng/. Acesso em: 24 out. 2022.

Disponível em: https://www.pensador.com/frase/MTcwMjk4Mw/. Acesso em: 24 out. 2022.

Disponível em: https://www.pensador.com/frase/MTU2MTA2Ng/. Acesso em: 24 out. 2022.

Disponível em: https://fraseteca.com.br/frase/418. Acesso em: 24 out. 2022.

Disponível em: https://www.pensador.com/frase/MTY3NDY2MQ/. Acesso em: 24 out. 2022.

Disponível em: https://www.pensador.com/frase/MTc1MzMzNQ/. Acesso em: 24 out. 2022.

Disponível em: https://www.pensador.com/frase/Nzk2NjEz/. Acesso em: 24 out. 2022.

Disponível em: https://www.pensador.com/frase/MTQzOTgxMw/. Acesso em: 24 out. 2022.

Disponível em: https://www.pensador.com/frase/MjQ1Njg2/. Acesso em: 24 out. 2022.

Disponível em: https://www.frasesparaoface.com/bom-mesmo-e-quando-a-gente/. Acesso em: 24 out. 2022.

Disponível em: https://br.pinterest.com/pin/358528820321203053/. Acesso em: 24 out. 2022.

Disponível em: https://www.pensador.com/frase/MTAyMjIyOQ/. Acesso em: 24 out. 2022.

Disponível em: https://statusimagens.com/listings/passar-por-todas-estacoes/. Acesso em: 24 out. 2022.

Disponível em: https://www.pensador.com/frase/MzIyODY4Ng/. Acesso em: 24 out. 2022.

Disponível em: https://www.pensador.com/frase/MTAyNDMzOA/. Acesso em: 24 out. 2022.

Disponível em: https://kdfrases.com/usuario/marcila/frase/113594. Acesso em: 24 de out. 2022.

Disponível em: https://www.pensador.com/frase/NzQ2Mjky/. Acesso em: 24 out. 2022.

Disponível em: https://br.pinterest.com/pin/488570259555885869/. Acesso em: 24 out. 2022.

Disponível em: https://br.pinterest.com/carmemocellin/vida-frases-divertidas/. Acesso em: 24 out. 2022.

Disponível em: https://kdfrases.com/frase/122113. Acesso em: 24 out. 2022.

Disponível em: https://www.pensador.com/frase/OTEyMDk2/. Acesso em: 24 out.2022.

Disponível em: https://www.pensador.com/frase/MTI2NDIyNQ/. Acesso em: 24 out. 2022.

Disponível em: https://www.pensador.com/frase/Mzc3OQ/. Acesso em: 24 out. 2022.

Disponível em: https://frases.tube/31539_melhor-do-que-ser-conhecido-e-ser-uma-pessoa-que-vale-a-pena. Acesso em: 24 out. 2022.

Disponível em; https://frases.tube/817896_para-hoje-conserve-o-bem-que-voce-tem-esqueca-o-que-doi. Acesso em: 24 out. 2022.

Disponível em: https://kdfrases.com/frase/99181. Acesso em: 24 out. 2022.

Disponível em: https://www.mensagens10.com.br/mensagem/12177. Acesso em: 24 out. 2022.

Disponível em: https://www.pensador.com/frase/NTIzMzI0/. Acesso em: 24 out. 2022.

Disponível em: https://www.verbub.com/i/287744/a-sua-estrada-e-somente-sua-outros-podem-acompanha-lo-mas-ninguem. Acesso em: 24 out. 2022.

Disponível em: https://www.pensador.com/frase/MTkONDA1OA/. Acesso em: 24 out. 2022.

Disponível em: https://www.pensador.com/frase/MTY0NTc5Nw/. Acesso em: 24 out. 2022.

Disponível em: https://www.pensador.com/frase/MTU2MTA3NA/. Acesso em: 24 out. 2022.

Disponível em: https://br.pinterest.com/pin/561683384753484509/. Acesso em: 24 out. 2022.

Disponível em: https://www.pensador.com/frase/Mjg1NzYw/. Acesso em: 24 out. 2022.

Disponível em: https://www.pensador.com/frase/MTQ2MzQ2MQ/. Acesso em: 24 out. 2022.

Disponível em: https://frases.tube/393575_quando-te-faltar-sorte-faca-sobrar-atitude-o-azar-br-morre. Acesso em: 24 out. 2022.

Disponível em: https://br.pinterest.com/pin/22025485658179629/. Acesso em: 24 out. 2022.

Disponível em: https://www.pensador.com/frase/NjExODIy/. Acesso em: 24 out. 2022.

Disponível em: https://br.pinterest.com/camila2011201/lya-luft/. Acesso em: 24 out. 2022.

Disponível em: https://www.pensador.com/frase/NjQ5MDQ1/. Acesso em: 24 out. 2022.

Disponível em: https://www.pensador.com/frase/MjkxNjkz/. Acesso em: 24 out. 2022.

Disponível em: https://www.pensador.com/frase/MTgwMDQyOQ/. Acesso em: 24 out. 2022.

Disponível em: https://www.mensagensreflexao.com.br/caminho-longo. Acesso em: 24 out. 2022.

Disponível em: https://www.pensador.com/frase/ODM1NDI0/. Acesso em: 24 out. 2022.

Disponível em: https://www.pensador.com/frase/MjkwMjA2/. Acesso em: 24 out. 2022.

Disponível em: https://jirjr.com/2017/02/07/o-mundo-nao-para-pra-esperar-voce-ficar-bem/. Acesso em: 24 out. 2022.

Disponível em: https://www.pensador.com/frase/MTQxNDQ2/. Acesso em: 24 out. 2022.

Disponível em: https://frases.tube/18564_um-brinde-aos-recomecos-que-nos-permitem-escolher-outros. Acesso em: 24 out. 2022.

Disponível em: https://br.pinterest.com/pin/702350504358166925/. Acesso em: 24 out. 2022.

Disponível em: https://kdfrases.com/usuario/Vertinho/frase/46697. Acesso em: 24 out. 2022.

Disponível em: https://www.frasespequenas.com.br/frase-12390. Acesso em: 24 out. 2022.

Disponível em: https://br.pinterest.com/pin/16044142413422014/. Acesso em: 24 out. 2022.

Disponível em: https://www.mensagenscomamor.com/mensagem/416401. Acesso em: 24 out. 2022.

Disponível em: https://kdfrases.com/usuario/Reeh/frase/138358. Acesso em: 24 out. 2022.

Disponível em: https://statusimagens.com/listings/para-competir-com-ninguem/. Acesso em: 24 out. 2022.

Disponível em: https://gauchazh.clicrbs.com.br/pioneiro/cultura-e-lazer/frei-jaime-bettega/noticia/2020/05/frei-jaime-mesmo-que-escondido-o-bem-da-um-jeito-de-ressurgir-12521686.html. Acesso em: 24 out. 2022.

Disponível em: https://www.pinterest.com.mx/pin/597008494323205916/. Acesso em: 24 out. 2022.

Disponível em: https://br.pinterest.com/pin/315674255104575324/. Acesso em: 24 out. 2022.

Disponível em: https://www.pensador.com/frase/MTYwOTgwMQ/. Acesso em: 24 out. 2022.

Disponível em: https://kdfrases.com/usuario/MadsDeodato/frase/2374. Acesso em: 24 out. 2022.

Disponível em: https://www.pensador.com/frase/OTk1Mzgy/. Acesso em: 24 out. 2022.

Disponível em: https://frases.tube/32346_podemos-fazer-um-novo-comeco-sempre-e-o-lindo-disso-tudo-e. Acesso em: 24 out. 2022.

Disponível em: https://www.pensador.com/frase/MTAxNjY4Ng/. Acesso em: 24 out. 2022.

Disponível em: https://www.pensador.com/frase/MTI4NDk5Mw/. Acesso em: 24 out. 2022.

Disponível em: https://br.pinterest.com/pin/483714816223572073/. Acesso em: 24 out. 2022.

Disponível em: https://www.pensador.com/frase/MjQyMjk/. Acesso em: 24 out. 2022.

Disponível em: https://br.pinterest.com/pin/346214290088518392/. Acesso em: 24 out. 2022.

Disponível em: https://www.pensador.com/frase/NTc3Nw/. Acesso em: 24 out. 2022.

Disponível em: https://frases.tube/24485_maturidade-e-viver-em-paz-com-aquilo-que-nao-se-pode-mudar. Acesso em: 24 out. 2022.

Disponível em: https://www.pensador.com/frase/NTg4OTk5/. Acesso em: 24 out. 2022.

Disponível em: https://www.pensador.com/frase/NzQ0MDE5/. Acesso em: 24 out. 2022.

Disponível em: https://m.facebook.com/colorindoavidabyilanaferreira/photos/a.676666969041247/3043796185661635/?type=3. Acesso em: 24 out. 2022.

Disponível em: https://www.pensador.com/frase/MTA3Nzg5OQ/. Acesso em: 24 out. 2022.

Disponível em: https://www.pensador.com/frase/OTYwMzI4/. Acesso em: 24 out. 2022.

Disponível em: https://www.pensador.com/frase/ODE0OTUw/. Acesso em: 24 out. 2022.

Disponível em: https://www.pensador.com/frase/NTkwOTQx/. Acesso em: 24 out. 2022.

Disponível em: https://www.pensador.com/frase/ODA5MDMx/. Acesso em: 24 out. 2022.

Disponível em: https://www.pensador.com/frase/MTAxMzMzOQ/. Acesso em: 24 out. 2022.

Disponível em: https://mensagem.online/27768-se_voce_acredita_que_e_capaz. Acesso em: 24 out. 2022.

Disponível em: https://www.pensador.com/frase/NjYwNjA3/. Acesso em: 24 out. 2022.

Disponível em: https://br.pinterest.com/pin/544724517412249525/. Acesso em: 24 out. 2022.

Disponível em: https://www.pensador.com/frase/MjQzMjc3MQ/. Acesso em: 24 out. 2022.

Disponível em: https://www.pensador.com/frase/NTg3MTY4/. Acesso em: 24 out. 2022.

Disponível em: https://www.pensador.com/frase/MTM2MDU4NA/. Acesso em: 24 out. 2022.

Disponível em: https://www.pensador.com/frase/MTQ2MDYzMQ/. Acesso em: 24 out. 2022.

Disponível em: https://www.pensador.com/frase/ODM5NTE5/. Acesso em: 24 out. 2022.

Disponível em: https://twitter.com/freijaime/status/1140968479220215808. Acesso em: 24 out. 2022.

Disponível em: https://www.pensador.com/frase/NzEwO-DIx/. Acesso em: 24 out. 2022.

Disponível em: https://kdfrases.com/frase/114196. Acesso em: 24 out. 2022.

Disponível em: https://www.pensador.com/frase/MTU2M-zc4NA/. Acesso em: 24 out. 2022.

Disponível em: https://www.pensador.com/frase/MTM0N-TQwNw/. Acesso em: 24 out. 2022.

Disponível em: https://br.pinterest.com/pin/483714816230710292/. Acesso em: 24 out. 2022.

Disponível em: https://www.pensador.com/frase/MTk3O-Dg5OA/. Acesso em: 24 out. 2022.

Disponível em: https://www.pensador.com/frase/Nzk1NjEz/. Acesso em: 24 out. 2022.

Disponível em: https://frases.tube/41448_eu-continuo-a--mesma-apenas-fiz-novas-escolhas-percorri. Acesso em: 24 out. 2022.

Disponível em: https://br.pinterest.com/pin/818036719803386516/. Acesso em: 24 out. 2022.

Disponível em: https://www.pensador.com/frase/MjI0M-jg4Ng/. Acesso em: 24 out. 2022.

Disponível em: https://fraseteca.com.br/frase/2673. Acesso em: 24 out. 2022.

Disponível em: https://kdfrases.com/usuario/F.S/frase/10868f. Acesso em: 24 out. 2022.

Disponível em: https://www.frasesparaoface.com/eu-sei--que-a-vida-vai-nos-deixando/. Acesso em: 24 out. 2022.

Disponível em: https://br.pinterest.com/pin/415808978080661523/. Acesso em: 24 out. 2022.

Disponível em: https://www.pensador.com/frase/MTkzMTk3MA/. Acesso em: 24 out. 2022.

Disponível em: http://mundodasimagens.com/imagem-358. Acesso em: 24 out. 2022.

Disponível em: https://www.pensador.com/frase/NDMxMzY/. Acesso em: 24 out. 2022.

Disponível em: https://www.pensador.com/frase/NzkwMzA1/. Acesso em: 24 out. 2022.

Disponível em: https://kdfrases.com/frase/161476. Acesso em: 24 out. 2022.

Disponível em: https://www.pensador.com/a_vida_e_uma_sucessao_de_sucessivos/. Acesso em: 24 out. 2022.

Disponível em: https://armazemdetexto.blogspot.com/2017/12/musica-tente-outra-vez-raul-seixas-com.html. Acesso em: 24 out. 2022.

Disponível em: https://www.pensador.com/frase/MTgxNjg4MQ/. Acesso em: 24 out. 2022.

Disponível em: https://br.pinterest.com/pin/525724956479395246/. Acesso em: 24 out. 2022.

Disponível em: https://br.pinterest.com/pin/311452130457554698/. Acesso em: 24 out. 2022.

Disponível em: https://www.pensador.com/frase/MzI1MDU5/. Acesso em: 24 out. 2022.

Disponível em: https://br.pinterest.com/elaeumfilme/frases-minhas-edi%C3%A7%C3%B5es/. Acesso em: 24 out. 2022.

Disponível em: https://www.pensador.com/frase/MTUxN-jM3MQ/. Acesso em: 24 out. 2022.

Disponível em: https://www.pensador.com/frase/NzQyMzMx/. Acesso em: 24 out. 2022.